小学校家庭科
授業のヒント

サンサン会代表 **伊東 智恵子** 編著

開隆堂

はじめに

　この本を手に取ってくださいました皆さま、誠にありがとうございます。

　2020年から日本でも流行した新型コロナウイルス感染症は、子供たちの生活を大きく変えました。自宅で過ごす時間が長くなり、仲間と学ぶ時間は少なくなってしまいました。

　そんな中、自分たちで生活を工夫し、どのような過ごし方をすればよいのかを考える人が増え、互いに情報を発信するようになりました。おいしくご飯を食べること、心地よい衣服を着ること、過ごしやすい居場所を見つけること、人それぞれに自分のよりよい過ごし方を試し、工夫を始めたのです。

　この動きこそ、家庭科のねらい「生活の中から問題を見いだす」「どのように変えていくか考える」「試しにやってみる」「うまくできたかどうか振り返り、改善する」「実生活に取り入れる」の流れに沿ったものでした。

　更に、「新たな課題を発見し、よりよく改善し続ける意欲を持つこと」「自分の一番落ち着くライフスタイルを築き上げること」は、人が一生かけて追い求める姿勢でもあります。

　このような力を付けることができる家庭科の授業を、どのように組み立てれば楽しく心に残る出会いを体験させられるか、どのような教材を用いれば心沸き立つ学びを習得させることができるかを、仙台市の小学校教員で作る自主研究会「サンサン会」では追及してきました。その成果を12のテーマから33の授業のヒントとして提示しています。幸いなことに大学と連携して、宮城教育大学の小野寺泰子教授のお力をお借りすることができ、一冊の本にまとめることができました。指導要領に沿った内容から離れず、自分たちの伝えたいことをいろいろな方法で試した実践集ですので、たくさんの先生方に活用していただければ幸いです。

家庭科自主研究会　サンサン会

代表　伊東　智恵子

目 次

ようこそ 子供が変わる！うれし・楽しや授業実践

1　「家庭科は食べて作って、楽しいよね。」というイメージをもたれがちですが、実際は、子供の発表や記述の中から思いや工夫を聴き取り、生きる力を育てていく教科です。

　楽しい授業とは、活動そのものを遊びのように面白くするものではありません。実験や体験を通して自分の疑問が解決されること、「こうやってみたら、分かるんじゃない？」と新しいひらめきが浮かんだ時に成立するのです。

　家庭科は、話し合いをすることによって互いの気持ちを知り、今まで自分の知らなかった生活の仕方が、他の家族では当たり前のこととして行われていることに気付き、視野を広げ、認め合っていく教科でもあります。

　自己の生活を見つめることから始まる家庭科では、プライベートな部分に関わることも多くなります。一斉に指導したり発表し合ったりすることが難しい題材もあることから、指導者には一人一人を思いやる愛情が必要です。個別対応は大変ですが、子供の変化は著しい。だからこそ、家庭科の教材研究や授業は楽しくて、次々とアイデアが沸いてきます。
　子供が変われば、保護者も変わる。家庭での実践が最終ゴールとなる家庭科では、いかに保護者にもかかわってもらうかが大切になります。授業の様子がよく分かるようにお便りや写真付きの学習カード等を利用して、交流を重ねていきましょう。

家庭科の4つの視点

協力・協働

健康
快適
安全

生活文化の
継承・創造

持続可能な
社会の
構築等

家庭科の特質に応じた物事を
捉える視点や考え方

生活の営みに係る見方・考え方を働かせ、衣食住などに関する実践的・体験的な活動を通して、生活をよりよくしようと工夫する資質・能力を次のとおり育成することを目指す。

家庭科の目標

(1) 家族や家庭、衣食住、消費や環境などについて、日常生活に必要な基礎的な理解を図るとともに、それらに係る技能を身に付けるようにする。

(2) 日常生活の中から問題を見いだして課題を設定し、様々な解決方法を考え、実践を評価・改善し、考えたことを表現するなど、課題を解決する力を養う。

(3) 家庭生活を大切にする心情を育み、家族や地域の人々との関わりを考え、家族の一員として、生活をよりよくしようと工夫する実践的な態度を養う。

**2 安全配慮事項として、備品の整理・整とんは準備の基本。高学年の先生方と相談して常に
確認をするように。**

① みんなが使う特別教室の中でも、調理をしたり裁縫をしたりと、多様な活動をする家庭科
室は清潔さと安全が第一です。効果的な注意喚起に努めていきましょう。

か 借りたものは元の場所へ
て 手洗い・身支度忘れない
い いつもきれいに整理・整とん
か 帰る時には荷物の確認を

注意！
つまみ以外は
熱いです

《冷蔵庫に、材料見本や調理保管分を入れた時は、期間が過ぎたら授業者が廃棄します。冷
蔵庫内の消毒も忘れずにしましょう。》

《引き出しには、器具の名前と写真を張っておきましょう。きれいに並べた写真を張ってお
くと、常にその通りに返却できるようになります。》

後片付け合格カード

1グループ分の調理セット
（消毒して教師が準備）

② 火災や地震等はいつ起こるか分かりません。教師の指示を聞いて作業を中断できるクラス
づくりが大切です。物が落ちてきたり、滑って転んだりする二次被害が起きたりしないよ
う置き場所も考えましょう。

《避難経路は覚えていますか。今日の出席人数をすぐに言えますか。けが人が出たら、どの
ような手順で搬送しますか。子供たちと確認をしておきましょう。》

《調理台の下に、子供が入ることができますか。入れなければどこに避難しますか。ミシン
が高い所に置いてありませんか。戸棚は倒れてきませんか。天井が落ちてきたらどう逃げ
ますか。最悪な状況を時折思い浮かべて、シミュレーションすることが大切です。》

家庭科ガイダンス ①

家庭科室探検で学級びらき

初めての家庭科室には、自分一人では使ったことがない物がたくさんあります。用具や器具の用途や、使い方のルールを楽しく身に付けさせるための工夫を考えましょう。学級開きや学級だよりにも活用できますよ。

事例 ① 器具の用途を調べ、自分の性格を表すマークを作ろう

ねらい
1 用具や器具の名前とその使用方法を知る。
2 家庭科室の決まりや危険な場所を考える。
3 マーク作りを通して、自己紹介をしたり人のよさを感じ取る力を付けたりする。

活動
1 家庭科室に収納されている用具や器具の場所を覚え、使用方法について考える。
2 自分の性格を表現できる用具や器具を選び、マークを作る。
3 マークの説明をしながら、自己紹介をする。

「家庭科室の用具や器具で、自分の性格を伝えられるマークを作ろう」

縁の下の力持ち。
料理には欠かせません。
打たれ強いです。

まな板

みんなをまとめてくれそうで
心強いね。よっ！日本一。

世の中の悪を
ばっさばっさと切り裂きます。
言葉はするどい。

包丁

桃太郎侍のようだね。公正な
お裁き期待しています。

熱しやすく冷めやすい。
間違いはピシッと
直したいな。

アイロン

しっかり者は頼りになるね。
熱くなってチョーだい。

効果
1 一つ一つの用具や器具の名前、使用方法について、しっかり覚えようとする意欲が高まります。
2 自分の性格を伝えるイラストにするために、形をよく見て書いたり動きを入れたりするので、工夫する力が付いてきます。
3 作ったマークを友達に発表したり質問し合ったりすることで、言語活動が盛んになります。
4 作ったマークを学級だよりで紹介したり、イラストとして活用したりすることによって学級紹介をすることができます。理由がおもしろいので、大好評です。

事例 ② 今・自分ができることを確認しよう

ねらい
1 家庭での生活や手伝いの様子を思い出す。
2 2年間の学びへの見通しをもつ。
3 生活の自立に必要な内容について意欲を高める。

家庭科って
どんな勉強かな。

活動
1 チェック表を使って、できることを確認する。
2 自分の思いを素直に表現し、今後の活動につなげる。

振り返ってみよう ◎できる ○まあまあ △苦手・経験なし

包丁を使って料理ができる		早寝早起き朝ご飯		衣服を自分で選んでいる	
安全にガスこんろが使える		栄養を考えて食事をしている		洗濯をしたことがある	
食事の後片付けができる		家族の一員としての仕事がある		針と糸を使ったことがある	
ご飯を炊いたことがある		部屋は自分で掃除している		ミシンを使ったことがある	
みそ汁を作ったことがある		アイロンがけをしたことがある		無駄遣いに気を付けている	

家庭科の授業で一番楽しみなことは何ですか。
　　どの学級でも調理実習が一番多いようです。上の表の結果を発表しながら、家庭科で身に付けさせたい力と、学んだ後にどのようなことができる人になってほしいかを伝えましょう。家庭科はお楽しみ会ではないということ、疑問をもち発見し、解決する「生活の発明者」であることを伝えるよい機会となります。

家庭科の実習で不安だと感じていることはありますか。
　　包丁を使うのが苦手という人を集めて、グループ編成をすることも可能です。席は一番前の調理台。たどたどしいけれどすぐに指導ができるから安心。調理が得意な人のグループは、後方の席となりました。

効果
1 実態を把握し、指導時数や内容の取扱い方を考えることができます。
2 安全配慮の仕方やグループ編成について、個に応じた支援を授業前に考えることができます。
3 自己を見つめ、期待や不安なことを発表することで、いろいろな考えの人がいることを認識させ、認め合う心を育てることができます。
4 児童の支援や評価をする時に、学習前後の変容を見ることができます。

••••••• **学習指導要領との関連**

内容構成の考え方
　学習過程の第一歩は、生活の中から問題を見いだすこと。子供たちは日常生活で見慣れている事柄に、先人の知恵や願いが込められていることに気が付きにくいものです。そこに疑問をもち、調べたいと思うこと、それが課題をもつことにつながります。更に、解決方法を検討、計画、実践、評価・改善するという一連の学習過程が重要となります。

授業のヒント **2**

家庭科ガイダンス ②

家庭科用語に 親しもう

家庭科で使用する用具や行う動作には、専門的な言い方があります。
教師が率先して使いながら覚えさせるという方法もありますが、楽しみながら探し出すワクワク感を体得させていきましょう。調べたいという意欲につながります。

事例 ① 家庭科用語を使ってしりとりやビンゴをしよう

ねらい
1　教科書をよく見ることで、2年間で学ぶ家庭科の内容を主体的につかむ。
2　家庭科の用語について、興味をもつ。
3　探し出す活動を通して、達成感や仲間意識を高める。

活　動
1　教科書に出てくる言葉を使ってしりとりをしよう。

（例）家庭科 ➡ かがり縫い ➡ いちょう切り ➡ リメイク ➡ くし形切り ➡ リデュース ➡
すだれ ➡ レシート ➡ トレーナー ➡ なかおもて ➡ 点火つまみ ➡ みそ ➡ 掃除 ➡
収入 ➡ 上皿自動ばかり

（例）家庭科 ➡ 片手鍋 ➡ へり ➡ リッパー ➡ はずみ車 ➡
まな板 ➡ 玉どめ ➡ 綿ぼう ➡ 上糸 ➡ 取り扱い表示 ➡
しつけ ➡ 計量カップ ➡ 副菜 ➡ 糸通し ➡ 脂質 ➡
通信販売 ➡ いりこ ➡ ごとく

（図：ガスこんろ　ガスせん・ごとく・点火つまみ）

2　教科書に出てくる言葉で、ねらえビンゴ！

教科書から気になる言葉を見つけてみよう

油よごれ	かび	洗剤
湯ぶね	3 クリーン大作戦	節水
窓ふき	ダニ	分別

上糸	はずみ車	おさえ
下糸	6 ミシンでソーイング	ボビン
しつけ	針棒	プラグ

効　果
1　家庭科学習でよく使われる用語に関心をもち、文章をよく読むことでその意味も理解することができます。
2　授業の導入や振り返り、朝自習等の短い時間でも実施することができます。どの題材、どの教科でも活用ができます。

事例 ② 調理の基礎・基本から学ぶ伝統の技

「ゆでる」と「煮る」。「ひたす」と「つける」。似ているようだけど、少し違う。包丁だって場所によって名前や使い方が違う。日本語の難しさを嘆きつつ、料理長になりきって調理実習の説明をしていきましょう。先生の服装も、子供の意欲を高める支援の一つです。エプロン・三角巾を忘れずに！

ねらい

1 調理に関する基礎的・基本的な知識及び技能を身に付ける。
2 調理に適した切り方、味の付け方、配膳などを理解し適切にできる。

活動

1 グループになって一人ずつ質問カードを取り、答える。

野菜の「量」と「かさ」の違いは？	➡	量は個数・広さ・重さ・体積などを表す。かさは体積を表す。
「ゆでる」と「煮る」の違いは？	➡	ゆでるは水（湯）で加熱すること。 煮るは調味液で加熱すること。
「あえる」と「混ぜる」の違いは？	➡	あえるは形が変わらない程度に混ぜる。 混ぜるは一体化するように混ぜること。

2 切り方については、名前の由来やどの調理に合うか説明する。

半月切り

月の形

輪切り

丸い形

いちょう切り

葉っぱの形

斜め切り

斜めに切る

3 調理クイズを作り、校内掲示板に貼って全校で楽しむ。

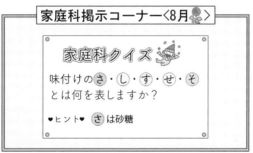

家庭科掲示コーナー〈8月〉

家庭科クイズ

味付けの さ・し・す・せ・そ とは何を表しますか？

❤ヒント❤ さ は砂糖

その他調味料にはソース・ケチャップ・マヨネーズ・しょっつる・オイスターソースなどたくさんあります。

答え｜塩・酢｜醤油・みそ

学習指導要領との関連

言語活動の充実

　家庭科では生活に関連の深い様々な言語が、児童自身の中で実感を伴った明確な概念として形作られるようにすること、つまり生活の中で生きた言葉となるよう配慮することが求められています。実践的・体験的な活動を行うことにより、様々な驚きや感動が生活力を高め、昔から使われていた言葉を動かし始めていくのです。

家庭科ガイダンス ③
教師が行う安全配慮

家庭科室には危険がいっぱい。経験者の大人は当たり前のことでも、児童にとっては初体験。どんな事故やけがなどが起きやすいのか、事故対応の動きを常にシミュレーションしておきましょう。

事例 ① 調理実習時は、やけどが多い

どんな危険

1　鍋やフライパンに材料が入ると、結構重くなります。しかも、アルミの部分は熱くなっても赤くなりません。
大人は持ち手を持つのが当たり前だと思っていますが、触ったことがない児童はそれが分かりません。加熱台（こんろ）から調理台へ運ぶ時に、落とさないように、人とぶつからないようにと、手が離せなくなる児童もいるのです。
事前注意は大切ですが、あまり強く言いすぎると、やけどをしたことを隠そうとする児童もいるので注意が必要です。

2　ゆでる調理では、ふたを取った時に湯気が立ち上ってきます。初めての調理でゆでる作業をするのはなかなか難しい。ゆでた野菜を取り出すための穴の開いたお玉（穴杓子）やざる、トングなどを準備しておくとよいでしょう。

火加減に注意して、しっかりと

3　炊飯の時は、火力の調節が大切になります。真剣になって、鍋に顔を近づけてしゃがんでいる場合が多くみられます。鍋から吹きこぼれてきたり、友だちとぶつかって転んだりしたら危険です。加熱台の近くに来る児童の人数を制限しましょう。

4　実習の目標は、見通しをもって調理計画を考え、調理の仕方を工夫すること。でも、児童が経験から予想して時間配分をするのは難しいようです。確認しながらの作業になるので、焦らせるのは厳禁です。後片付けまでできる時間の余裕をもちましょう。

教師の心得

1　調理実習のメニューは、事前に作ってみると調理のポイントがよくわかります。また、教師の教えたいことが児童の気付きの中から出てくるように、発問を考えることができます。自ら工夫する生活者であれ！

2　衛生面での配慮も忘れずに。まな板は色やにおいが残るので、洗ってから使うこと。

事例 ② 児童の手元がよく見えない、裁縫での注意

どんな危険

1　裁縫用具が散らかっていると、はさみや針でけがをしがちです。特に教室内を移動している時に、床に落としてあった用具に気付かず、踏んだり転んだりしたら大変。刺さった針が折れたり、顔から倒れてけがをしたりすることもあります。

2　初めてのなみ縫い。糸を長くしすぎると、隣の人の顔に針が刺さってしまいます。手を伸ばしても隣の席の人にぶつからない長さ（50～60cmぐらい）にすることを教えましょう。

3　ミシン縫い。軽く両手で布を押さえていれば、あまり曲がりません。すべての指に力を入れ過ぎてしまい、曲がった縫い目を無理やり調整しようとして、針の下に指が入り爪に針が刺さって折れることがあります。

4　アイロンは扱いが難しい。熱くなったかどうか確認しようと手で触ってやけどをすることもあります。また、安定していない場所に置いて落としてしまうことも。必ず教師の目の届くところで作業をさせましょう。

教師の心得

1　常に作業の様子全体が見える場所に立つことを意識しましょう。教師が指導に慣れていない時は、ミシンやアイロン台を一か所に集めておくことも一案です。普通教室で多くの用具を使うと、ブレーカーが落ちることもあるので確認しておきましょう。

2　ミシン糸のかけ方が間違っていると、動かなくなったり糸が絡まったりします。変な音がしたら、上糸が正しくかけられているか、下糸のボビンのセットの仕方は正しいか等、すぐにミシンを止めて縫い目を見る習慣を付けさせましょう。ミシンの指導にまだ自信がない先生方には、学習ボランティアの導入をお勧めします。

・・・・・ 学習指導要領との関連

用具の安全な取り扱い

　「調理に必要な用具や食器の安全で衛生的な取り扱い及び加熱用調理器具の安全な取り扱いについて理解し、適切に使用できること」が指導事項です。
　製作に当たっては、適切な用具を正しく使うことが作業を効率的に進める上で大切であることを理解できるとともに、製作に必要な用具が分かり、安全に十分留意しながら使用できるようにしましょう。

子供の「やりたい！」を引き出そう ①

４つの視点でウォッチング

「生活の営みに係る見方・考え方を働かせ」という言葉を説明する時、それぞれの視点でのぞける双眼鏡で、生活を探検しに行こうと声をかけましょう。多方面から身近な生活課題を発見にいきたいですね。

事例 ① 見方・考え方を働かせる場面

私たちの生活　それぞれの双眼鏡で見てみよう

解 説

1 家庭生活を振り返り、問題を見いだす時にどの双眼鏡を使うかは、子供が決めることです。たくさんの双眼鏡を使いこなせる子供はいろいろな視点から問題を見つけてくることでしょう。子供たちが捉えてきた視点を見ながら、この題材で身に付けさせたい資質・能力を考慮し、題材のめあてを提示します。めあてを達成するために、さらに子供たちは個別課題を決定し解決策を考えていくことになります。

2 指導者は、この題材を通して、どのようなことができる子供になってほしいかを考えます。そのためには、どんな内容を、どんな視点から追求していこうかと考えることが重要です。「何を教えるか」から「何ができるようになるか」への切り替えは、子供の声を聞くことから始まります。

3 課題の解決に向けて解決方法を考え、実践し、評価・改善し、家庭や地域で実践する中で、見方・考え方を働かせながら、自分なりに考えたり表現したりすることが深い学びになります。子供たちから表出する言葉を、しっかりと「〇〇の見方から（〇〇の双眼鏡から見て）考えたんだね」と価値付け、子供自身でも言えるように意識付けましょう。

事例 ② 学習課題は解決の見通しが大事

めあて 家族や地域のみんなが持続可能な社会で快適に暮らす工夫を考えよう。

	課題設定	実践方法	結果
Aさん	★温暖化でも安心な室温を保つ工夫 祖母は温度の変化に気が付かない。 熱中症やストーブののぼせが心配。 ➡適温を超えたらブザーが鳴りライトが光る器具があれば安心。	★お知らせ温度計作成 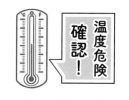 温度危険確認！	★祖母が部屋の温度に気付くようになった。ブザーは難しくてできなかった。
Bさん	★空気の汚れを無くす工夫 CO_2 の量が増えている。 ➡ストーブを付けて2時間経ったらランプが付いて窓が開くセンサーがあればよい。	★お知らせタイマー ストーブにタイマーを付け、2時間で鳴らす。換気の合図にする。窓を人力で開ける。	★変化がないようだったが、CO_2 検査では高かった。タイマーはよく聞こえた。 ★太陽の力を再確認。もっと活用したい。
Cさん	★太陽光の有効な使い方を研究する 太陽光パネルで電気や温水を作っている家庭がある。 ➡1年中使える温水器はできるか。 ➡太陽で電気も作れるらしい。明るい部屋で過ごしたい。	★湯沸かしペットボトル ペットボトルに水を入れて、太陽にあてる。掃除の水拭きに利用する。冬は温室を作る。 ★お帰りライト 玄関にソーラーライトを設置。	★けがや玄関で鍵を探す時間がへった。

効果

1 よりよい生活を目指すために（めあて）私はこうしたい（課題決定）。
そのために、このような方法で実践する（工夫）。試したら、結果を確かめ（評価）手直しをする（改善）。課題解決の過程をまとめ、友だちと共有したり、さらに改善策を話し合ったりする（表現）。
課題解決を中心とした活動は従来通りですが、この流れを見通して活動を行わせていくと子供たちも主体的に動けます。繰り返しこの過程で学習することで、子供たちに課題解決の見通しが身に付いてきます。

2 実験の結果・課題のまとめ・次時への意欲をまとめる振り返りの違いを理解させて記録を重ねていくと、ポートフォリオが出来上がります。

3 学びを日々の生活実践に生かすことが大切です。実践時の思いや改善したこと、感想なども記録させ心の醸成を図っていきましょう。

‥‥‥‥ 学習指導要領との関連

家庭科の特質に応じた「主体的な学び」

　題材を通して見通しをもち、日常生活の課題の発見や解決に取り組んだり、基礎的・基本的な知識及び技能の習得に粘り強く取り組んだり、実践を振り返って新たな課題を見つけ、主体的に取り組んだりする態度を育む家庭科では、これまでも多くの課題解決授業が行われてきました。常に子供が主役。指導者は、大きな懐で、子供たちの準備や活動を支援していくことが大切です。

授業のヒント **5**

子供の「やりたい！」を引き出そう ②

グループ編成は流動的に

調理実習や被服製作の時に課題ごとのグループを作ると、子供たちの言語活動が盛んになります。同じ目的をもつ友達と共通した話題で盛り上がり、教え合う姿が増えていきます。一人一人の氏名を磁石に書いた物を用意しておくと、何かと便利です。

事例 ① 同じ課題仲間で、とことん追求しよう

調理実習

1 温野菜サラダ・同じ野菜を選んだ人とグループを作ろう
野菜は意外に好き嫌いがあるものです。オリジナル野菜サラダ作りの時に「6つの野菜の中から4種類をセレクトする」方式を取れば好きな野菜をたっぷり食べられます。1人分の量も4種類で150gとしておけば、およその量を確認して出来上がりを考えるようになります。

2 みそ汁・みその違いでグループを作ろう
赤みそ・白みそ・麦みそなど、どの種類のみそを使うかでグループを決めます。みその種類に合う実の組み合わせは、グループごとに考えさせてもいいです。指導者のできる範囲で選択肢を広げていきましょう。

布を使った製作

1 ミシン・直線縫いで仕上げるカバーやバッグ
初めてのミシンは、出し入れが大変。学年で時間を調整し、続けて家庭科室を使えば、準備や後片付けの時間が短縮できます。さらに、作るものの種類や形、布の色などでグループを作ると、相談できるだけでなく進度の調整や間違いの少ない作業ができます。ミシンの糸も色をその都度変えなくてもよくなります。

ミシン糸はボビンとセットにしてケース等に入れておく

生活の課題と実践

1 家庭の仕事を一人でやってみよう
主に行う仕事でグループを作り、手順や準備物等の計画を立てます。時間のかかり具合なども、相談し合うことでイメージをもつことができてくるようです。

2 下学年へお掃除の仕方や食事の仕方を教えよう
家庭科で学んだことを下級生に伝える時に、得意な分野を選び、グループで活動をしていきます。下学年へは基礎的なことをゆっくりと伝えていくよう指導します。

事例 ② 進度や習熟度別で編成をすれば、行き届く支援

調理実習

1 調理の腕が同じぐらいの人とペアになろう
事前調査で調理の経験の有無を調べ、得意・まあまあできる・苦手の3段階に分け、同じ段階グループの人とペアを組みます。
教師の支援が必要なペアは前の席へ、ほとんど当日の支援が要らないペアは後方の席へ座らせると、効果的な支援ができます。

相談して、大きさや形を決めました。

2 2つの調理を同時に作る
教科書の挿絵の中から、学級で作りたいおかずを決めます。手順や時間がかかる順に、上級・中級・初級と2品の組み合わせを決めておき、そこから自分が作りたい料理を選びグループを作ります。限られた時間の中で、自分がどの程度動けるかを考えるのに適しています（コロナウイルス感染症対策のための一人調理を行う場合、クラスを半分に分け、専科の授業や少人数指導と組み合わせる工夫などを考えましょう）。

布を使った製作

1 ゆとりを考え、マイバッグを作ろう
長時間計画で製作をする場合、どうしても進度差が大きくなります。児童がどこまで進んでいるかをグラフや進度表で可視化し、早目の支援を行いましょう。予定通り進んでいる班、先生の支援が必要な班に分け、ヘルプスタンドを使って誰が困っているかを把握するのも効果的。

〈ヘルプスタンド〉磁石で留める。どの教科でも使用可。助けが必要な時に児童が自分の机上に立てて使用。

快適な住まい

1 学校で気になる場所の汚れを取ろう
いつもにぎやかで、実験等を中心となって行っている子供がいたと思えば、ひたすらグループの記録をしている児童もいます。順番に実験ができるよう、好きな人とペアを組む活動も時には入れていくと、ゆったりとした気持ちで取り組めるようです。その場合、一人になる子がいないように注意しましょう。

・・・・・ 学習指導要領との関連

個に応じた指導の充実

　配慮事項の中に「学習内容の定着を図るためには、児童の技術の習熟の程度や興味・関心などを把握し、調理や製作等の実習や、観察、実験などの指導において、ティームティーチングや少人数指導を取り入れ、個別指導を適切に行うことが考えられる」と記述されています。また、学習コースを設けたり、ペアや一人調理などの活動をしたりすることも紹介されています。個別指導のあと、「何だこういうことだったのか」とつぶやいた子供の一言が忘れられません。

子供の「やりたい！」を引き出そう ③

初めての家庭科授業 体験記

初めて高学年担当になった時は授業指導もさながら、児童会や学校行事の中心となって動くことも多く、大変な忙しさです。初めて授業をしたときの振り返りを載せました。新任の先生の参考に、ベテラン先生の支援の一助にしていただければ幸いです。

事例 ① 個別の課題解決学習を支援するのは、難しい！

悩み事。みんなにもあるのかな。

1 児童の興味を高める教材づくり、教科書だけではだめなの？
2 実技や話し合い活動を重視するには、45分では時間が足りない。
3 個別の学習課題の解決方法を支援するために必要なこととは。
4 個別評価はどのようにすればいいの。学習カードの使い方は？
5 家庭での実践が大事というけれど、どうすればいいの？

振り返り

1 実物や生活感が伝わる写真などを見せることが、興味を引く1番の手立て。付けさせたい力（資質・能力）をイメージして準備します。今朝食べたパンや野菜、昔作った家庭科の作品なども効果的です。

2 家庭科の授業は、5年生が60時間、6年生が55時間ですので、週では約1.5時間となります。2単位時間で行ったり、学校行事に合わせて集中して行ったりします。また、休み時間から準備をしたり、調理実習の時は試食の時間も工夫したりしています。

3 教師と児童がめあての共有化を図り、課題解決の見通しをもつことが大切です。授業の組み立てを考える時は、児童の反応を具体的に予想して板書計画まで考えます。予想外の質問が出た時は、焦らず「いい意見ですね。時間をかけてみんなで考えていきましょう。」と言って調べましょう。即答は、指導のブレにつながります。

4 知識・技能の評価は、テストや学習プリントから判断できます。思考・判断・表現や主体的に学習に取り組む態度は、授業中の観察や学習カードの記入欄等から判断します。どのような姿が見えたらB（達成できた）とするのかを、児童と共に確認しておくことが重要です。座席表の活用や、どの教科のことでも気が付いたらメモをしておく「授業記録ノート」を作り活用しましょう。

5 家庭での実践は、一律には進みません。実践カードが提出されたら児童への励まし、家族の方々への感謝の言葉を記入して返しましょう。どんな実践をさせたいのかの説明が大切です。授業の様子がよく分かるように、写真付きのおたよりの発行を試してみましょう。

事例 ② 教科の特性を見極めよう

感 想

1　子供と向き合う力

① 家庭環境が個人によって違うため、「自分なりの実践」をさせることがその後の家庭科学習には重要であった。価値観を押し付けることなく支援をしていくためには、余裕がないと難しいことが分かった。

② 自分が実践してみて、それを子供に伝えることの大切さが分かった。ただ伝えるのではなく「気付かせる場を作る」ことに力を入れたい。

③ 子供の安全を守る大きな責任を感じた。5年生から始まる家庭科では、初めて見るものや触るものが多い。不安な気持ちで活動をしている子供がいることを理解したい。思い込みで指導してはいけない。

2　授業力

① 自分の身近な環境から改善できることを見いだし、課題を設定し、工夫しながら解決していこうとする子供の意欲を感じた。導入でいかに子供の興味を引き出し、最後まで自分事として考える意欲をつないでいくかが大事だと思った。

② 実技教科は、知識・技能をもっていないとできないと痛感した。実践あるのみ。日々の生活から授業のひらめきを蓄積していきたい。

③ 題材構想図を組み立てると共に、1年間を通したストーリー性のある授業作りが大切なことが体感できた。子供にとって必要な学びとなるように、生活が多様な学びと結びついていることを伝えていきたい。

3　家庭実践の進め方

① 家庭と協力して子供の学びを伸ばしていく大切さが分かった。家庭実践は、その後の子供の生活や習慣にまで影響を与えていく。家庭科は息の長い教科だと思う。

② 自分のことから家族との生活、地域の中で安心して生きていることのありがたさを再確認させることができた。人を思いやる気持ちが、よりよい生活への第1歩だった。

③ これからは様々な年代の人や外国の人たちともコミュニケーションがとれる力が必要だと思った。考え方の違いを理解し、認め合えるようにしていきたい。

‥‥‥‥ 学習指導要領との関連

カリキュラム・マネジメント

　資質・能力の育成のためには、教科等横断的な学習を充実することや「主体的・対話的で深い学び」の実現に向けた授業改善を、単元や題材など内容や時間のまとまりを見通して行うことが求められています。社会情勢が日々進化している現代、授業を通して正しい情報を得ること、意思決定能力をもつこと、生活に必要な基礎・基本を身に付けることはとても重要です。

授業のヒント **7**

修学旅行の服を選ぼう

子供たちが楽しみにしている修学旅行。新しい服を買ったという声が聞こえてきたので、ちょっと待って！自分が持っている服の中から、目的に合った服を選んで「修学旅行ファッションショー」をすることにしました。

事例 ① 離れた街での活動を想像しよう

ねらい
1 持っている服を上手に組み合わせて、修学旅行に適した服装を考える。
2 活動に合わせた着方について工夫する。
3 言語活動の充実と、根拠を提示しながら発表する力を付ける。

支援
1 行事に合わせて洋服を買うのではなく、持っている服の中から選ばせたい。活動グループ（男女別2〜3人編成）ごとに、着ていきたい上着とズボンやスカート1着分を持ち寄り、活動に適した服装を考えさせる。
2 グループごとに指令書を渡し、当日の天気や活動内容を指定する。
3 服の素材を確認させ、グループごとに服装を決定（サイズは関係しない）。

> 秘密の指令書
> 6月だというのに、
> 汗が出るほど
> **気温が高い。**
> 記念写真を撮ったら、
> 五色沼を
> **1時間ハイキング！**
> 結構険しい山道だ。
> 日射病にも
> 気をつけよう。

> 袖がまくれる綿素材のシャツと半ズボンは、汗をよく吸い取り涼しいです。

> 秘密の指令書
> 残念ながら
> **天気は雨。**
> 学校からバスに乗って
> 出発し、
> **自主研修や**
> **買い物をします。**
> 自主研修とは、
> 赤べこの絵付けとか、
> 焼き物作りだよ。

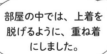

> 部屋の中では、上着を脱げるように、重ね着にしました。

効果
1 指令書に合わせて服装を選ぶので、形や吸水性など、学んだ知識を基に話し合いが盛り上がります。
2 修学旅行ファッションショーと題名を付けることによって、発表内容がより身近なものに感じられるようになります。
3 服装に関する関心を高め、状況に応じた快適な着方を実践することができるようになります。

事例 ② 活動に適した服を紹介しよう

ねらい
1 自分で選んだ服装の良い点を、根拠を示して紹介する。
2 機能性だけでなく、服装が与える気持ちの変化に気付く。
3 実験を通して、自分の課題解決への意欲を高める。

活動
1 普段着ている衣服の働きを確かめる。
2 重ね着をして温かさや動きやすさを確かめる。
3 活動に適した服装について発表し、快適度について話し合う。

半袖の上に防寒着を着ると、暑いし皮膚がぺたぺたしてきます。

修学旅行 ファッションショー

班長になったので、赤い服は目立ちます。これでみんなも迷子になりません。

調理実習の時に、エプロンや三角巾、マスクをするのはなぜだろう。
①調理をする時に汚れがつかない。　②体に付いているほこりやごみを落とさない。
③火のそばでも服が広がらない。　④汚れがついても洗濯しやすい。

効果
1 体感できる実験を行うことによって、いろいろ工夫してみようとする意欲が高まります。
2 日常生活で服の脱ぎ着をこまめに行うようになったり、色のもつ雰囲気で生活を楽しもうとしたりする気持ちが育ちます。

・・・・・ 学習指導要領との関連

季節や状況に応じた日常着の快適な着方

　高学年になっても、その日に着る服を家の人に決めてもらうという児童もいます。暑くなっても上着を脱がず、体調を崩してしまうこともあります。生活活動上の働きとして、活動をしやすくするだけでなく、安全の確保や危険の回避のために、目立つ色を着たり、帽子をかぶったりすることにも気付かせ、実践につなげたいものです。

授業のヒント **8**

秘密の指令書 ②

決められた材料で メニューを考えよう

調理をする時は、冷蔵庫にある食材を思い浮かべ、不足する材料を買いに行ったり、組み合わせを考えて使ったりすることが大切です。実生活につながる工夫を考えましょう。

事例 ① 冷蔵庫にある食材を使って 2 日分の朝食を考えよう

ねらい

1 冷蔵庫に入っている食材を思い浮かべることで、食生活に関心をもつ。
2 食事のテーマや指令書で課題を決めることによって、献立作りに自分なりの工夫をもつ。
3 班ごとに味見をしたり、先生方に味見をしてもらったりすることで相互評価を行い、日常化への意欲を高める。

活動

1 自分の家の冷蔵庫にある食材を思い出す。
2 主食・主菜・副菜＋汁物で2食分考える。
（できない児童は1食分で評価する。）
（課題解決に向けて、2食分以上を考えたり家族の好みや栄養バランス、朝の時間を有効に使った調理等を考えることができたりしたらＡ評価など。）

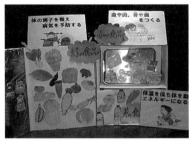

冷蔵庫をイメージする掲示

3 米飯とみそ汁を中心とした1食分の献立が基本だが、発展的な扱いとして、主食をパンにした献立等も工夫できる。献立を発表し、評価・改善する。

効果

1 家の冷蔵庫や台所にある食品に関心をもつようになり、家の人との会話も増えていきます。
2 朝食作りは簡単だと考えがちですが、毎日続く家事であることに気付き, 作った人への感謝の気持ちが生まれます。
3 児童の実態に応じて「家族の好きなものを2品追加して作ろう」とか、「短時間で作れる食事を作ろう」などの条件を提示すると、考えが深まっていきます。
4 作ったメニューはレシピカードとして印刷し、持ち帰り自由コーナーに置いておくと、「友達の考えた朝ごはんメニュー」として、各家庭での実践が広がります。

今日は追加の条件を渡します！

事例 ② 友だちの家族から、朝食作りのコツを聞いてみよう

ねらい
1 調理をする時に、家族のために考えていることを知る。
2 朝の上手な時間の使い方を知る。
3 友達の親へ自己紹介をしたりインタビューをしたりすることによって、コミュニケーション能力を高める。

活 動
1 授業参観に来ている自分の親以外の人に名刺を渡し、挨拶をする。(名刺を作って渡すと、もらった人も家での会話が弾みます。)
2 インタビューをして、メモをとる。

「朝ご飯を作るときに心がけていることは何ですか」

朝は忙しいので、前の晩にメニューを決めておきます。

野菜を食べてほしいので小さく切って、かざりのように盛り付けます。

ウインナーやハム、卵などたんぱく質を多く摂れるようにしています。

効 果
1 家ではうまく聞けない児童も、他の家庭の話を聞いて、様々な工夫が各家庭にあることに気付きます。
2 聞いたばかりの話なので、発表意欲が高まります。
3 教えたいことが、児童が発表した親の言葉を使ってまとめる事ができます。教師力はコーディネート力です。
4 自分の家庭ではどうなのだろうと気になり始めたら、仕掛けはOK！
学びは、自らの心を動かした時にスタートします。
5 親も自分の思いを真剣に伝えたり、他の親の考えを聞いたりすることによって家庭科の授業に関心をもち、実践活動への協力体制が整います。

・・・・・・ 学習指導要領との関連

料理や食品を組み合わせてとる

　健康の保持や成長のためには、多くの栄養素を摂る必要があります。1種類の食品ですべての栄養素を必要量含んでいるものはなく、上手に組み合わせて摂る必要があります。栄養のバランスがとれた食事を作るために、各家庭でどのような工夫をしているのかを調べさせることによって、料理や食品を組み合わせて食べていることに気付かせたいものです。

秘密の指令書 ③

模擬家族で考えよう
時間の使い方

家族構成が異なる学級では、家庭での過ごし方を全員で考えることはなかなか難しい学習です。グループごとに模擬家族になって時間の使い方を考えてみました。

事例 ① 朝の過ごし方を「模擬家族」で考えよう

ねらい
1 朝の時間のよりよい使い方を考える。
2 食事の大切さを考える。
3 家族一人一人の思いを考え、家族の絆に気付く。

活動
1 家族の形がいろいろであることを理解させるために、グループの中で役割を分担する。

ピンポン玉や割り箸に役柄（6年生・父・母・妹・弟・姉・兄・祖父・祖母等）を書いて引かせる。普段イメージしない家族構成ができて、考えが深まります。

2 指令書を作って、生活の様子を再現する。

> 地域清掃の朝、早くできる朝食を!

> 家族の好きな食材を入れた朝ご飯を作ろう。

> 朝ご飯を食べないで出かける6年生に家族は何て言う?

効果
1 それぞれ家族のせりふを考えることで、自分のことを思っている家族のことを考えることができます。
2 生活時間を自分の課題として受け止めることができます。

せ り ふ の 例	6年生	ああ、寝坊した。何で早く起こしてくれなかったの!
	母	何回も声を掛けたでしょう。
	妹	お姉ちゃん夕べ遅くまで起きていたもんね。
	祖母	早くご飯を食べないと、時間に遅れてしまうよ。
	6年生	大丈夫、給食あるから。もう行くからね。
	姉	4時間目になったら、頭がくらくらしておなかが痛くなるよ。
	母	頭も回らないから勉強苦労するよ。おにぎりにしたから食べなさい!
	(全員)	「早寝・早起き・朝ごはん」は健康のために大切です。

事例②　パフォーマンス課題に取り組もう

ねらい
1　課題に出てくる家族の一員となって、解決策を考える。
2　日常生活が家族の協力で成り立っていることに気付く。

今日はお父さんの
手づくり料理だよ

活動例
1　茶の間の整理・整とんについて家族会議を開こう。

> 家族が集まる部屋の戸棚には、本が重ねて置いてある。お母さんが古い本や汚れたプリントを廃品回収に出したら、おじいさんがあわてて言った。「老人会の昔の名簿がない。」これからはどうしたらいいのかな。

2　買い物中の家族が遭遇した事件を解決しよう。

> 私は母と弟とスーパーへ行きました。弟は380円で遠足に持っていくお菓子を買うことにしていました。お菓子売り場は混雑しています。何を買うか決めていなかった弟は、隣にいた男の子とぶつかって転んでしまいました。ポケットからお金が落ち、泣いています。この事件、防ぐことはできたかな？

3　自然を生かした涼しい暮らし方を実践しよう。

> ぼくの家の庭には花壇と小さな池があります。日差しが強くなってきたので、いつもカーテンをしています。窓を開けるとカーテンが広がるので、南の窓は開けたことがありません。クーラーを一日中かけているので、おばあさんはひざが痛いそうです。自然を生かした暮らし方はありますか。

効果
1　パフォーマンス課題については、少人数のグループで話し合いを行うと、多様な考えを引き出すことができます。
2　学習のねらいを十分に理解し、課題を設定することで、思考・判断・表現等の評価を見取ることも考えられます。

········· **学習指導要領との関連** ·········

家庭生活と家族の大切さ

　家庭環境が異なる子供たちには、プライバシーに配慮した指導を行うことが大切です。実生活から問題を見いだし、課題を設定する場面等で、体験的な活動や対話的な学びを充実させるために、個別活動だけでなくバーチャル（模擬）体験を取り入れることが効果的です。将来のことを考え、多様な価値観を育てましょう。

生活を科学する 1

洗濯実験は疑問がいっぱい

課題解決学習は、以前から家庭科の中心的学習方法の一つです。日常生活の中で感じている疑問を洗い出し、家族のために、環境のためにできることを一緒に考え、実践力を高めさせていきましょう。

事例 ① いざ解決！ 洗濯の不思議

ねらい
1 生活の中で感じている洗濯時の疑問について、課題を設定する。
2 実験方法を考え、実践・評価・改善を行う。
3 手洗いを中心とした洗濯の一連の流れを理解し、家庭での実践の継続化を図る。

課題例
1 白物と色付きの物を一緒に洗うと、本当に色が落ちるのか。
2 靴下の汚れをきれいに落とすには、どうしたらよいか。
3 洗剤の量を増やしたら、汚れはよく落ちるのか。
4 靴下を干す時には、つま先を上にしたらよいか、下にしたらよいか。

色物の洗濯

用具を工夫して汚れを落とす

結果
1 色物すべてで色が落ちるわけではなかった。色が移ってしまった物はまだらに色が付き、もう使えないと思った。
2 洗濯板や歯ブラシを使うと汚れがきれいに取れた。
3 洗剤の量を増やしても、基本の量を入れた時と比べてあまり変化がない。ぬるぬるして、すすぎを何回もしないといけなくなった。水だけで洗っても汚れが取れたものもあった。
4 靴下のはき口をとめると早く乾く。つま先を洗濯ばさみでとめると、あとが付いた。
5 洗剤の説明書には、「目に入ったり、飲み込んだりしたら、直ちに応急処置をする」と書いてあった。注意して使いたい。

干し方の工夫

事例 ② 雑巾を使って汚れを確かめよう

ねらい

1 汚れた雑巾（タオル）を切って、自分で設定した課題解決の方法によって落ち具合が異なってくるのかを比較検討する。
2 汚れの種類や汚れの経過時間によって、落ち方が異なってくるのかを検証する。

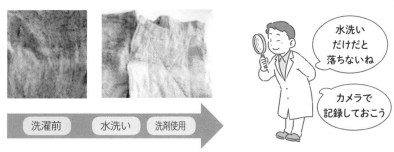

洗濯前　　水洗い　　洗剤使用

水洗いだけだと落ちないね

カメラで記録しておこう

課題例

1 教室の床掃除で汚れた雑巾を3等分に切る。洗濯方法の違いによって汚れの落ち具合を比較し、どのような洗濯方法が良いか話し合う。1枚は洗濯前の様子が分かるように残しておく。
2 習字の墨やケチャップなどで汚した雑巾を3等分に切り、洗濯前・すぐに洗った物・時間をおいてから洗った物の様子を比較検討する。
3 干し方によって乾く時間が異なるのかを検証する。

結果

1 水だけで洗った物と洗剤を付けて洗ったものでは洗剤を使った方がよく落ちた。洗った水の色も違っていた。
2 時間が経つと汚れは落ちにくくなった。
3 丸めて置いたら乾きが遅く、形も丸のままだった。日なたと日陰に干してみたら、日なたの方が早く乾いた。

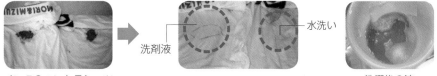

インクのついたTシャツ　　　　洗剤液　　　水洗い　　　　　洗濯後の液

効果

1 課題を解決しようと道具を揃えたり、洗剤の説明書きを読んだりする姿が見られました。粘り強く取り組もうとする意欲を高めることができました。
2 課題の検証をするために、見通しを立てて実験計画を立てて取り組んでいました。課題別グループ編成にしたので、やる気は倍増です。

•••••• 学習指導要領との関連

洗濯の仕方

　日常着の洗濯に必要な洗剤、用具及び洗い方などを理解し、一人でも洗濯ができるようにすることが目標です。ここでは、手洗いを中心とした学習を行います。実験、実習などを通し実感を伴って理解できるようにするとともに、実践が継続されるよう、家庭では汚れが落ちにくい靴下やすぐに洗っておきたい水着やタオル、学校では掃除に使用した雑巾等の洗い方などが考えられます。

生活を科学する ②

季節に合わせた住まい方

四季の変化に富む日本では、人々は昔から地域の気候に合わせて家の形や暮らし方を工夫してきました。家庭科の教材として、我が町の気温データ等をぜひ使用していきたいものです。

事例 ① 涼しく住まう街・仙台の工夫

ねらい
1　住まいの主な働きが分かる。
2　市街地の特色から、昔の人々の住まい方の工夫を知る。
3　自然を生かした暮らし方を調べ、生活に取り入れる工夫をする。

活動
1　社会科学習4年「地域のくらし」や6年「歴史」の既習事項を参考に住まいの働きを知る。
2　夏は山からの風が強く、日差しが強い等、地域での自然の特徴を効果的に生かした暮らし方について課題を設定する。
3　通風や場所による温度の変化を調べる。

＜ペットボトルハウス＞
ペットボトルに窓・入口・換気口に見立てた切り口を作り、リボンの動きで通風を確認。

＜風の強さと方向＞
窓に荷造り紐を下げる。風の強さと方向を確認。

結果
1　窓とドアを開けると風が流れる。上の窓を開けると更に風が通る。
2　同時間でも紐の向きが外を向いたり部屋の方に流れたりした。建物の壁に当たって風は複雑な動きをしているらしい。
3　太陽の光が当たっている床は、温度が高い。教室では上の方の室温が高かった。

効果
1　ペットボトルハウスを使えば、風の流れの違いが分かります。線香を使わないので、アレルギーの子供も安心です。室温は、非接触温度計が使えます。
2　伊達政宗の時代に実のなる木を各屋敷に植えたことから，今でも仙台の市街地には緑が多く、杜の都と言われています。

| ねらい | 1 | 暖房器具に頼らない暮らしの工夫について考え、実践する。 |
| | 2 | 暖房器具の効果的な使い方について考える。 |

| 活動 | 1 | 60度のお湯を入れた三角フラスコを部屋に見立て、窓やカーテンの条件を変えて室温の変化を比較する。 |
| | 2 | 家族一人一人が快適だと感じる室温を調べ、設定温度を決めたり、服装について話し合ったりする。 |

結果

室内の温度変化調べ
（児童実験）

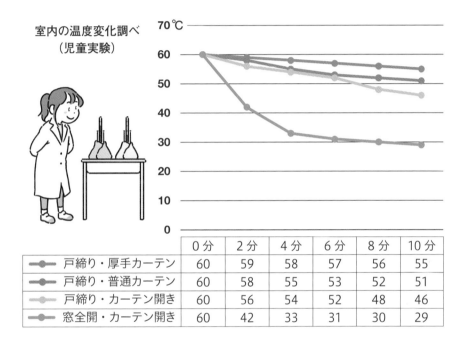

	0分	2分	4分	6分	8分	10分
戸締り・厚手カーテン	60	59	58	57	56	55
戸締り・普通カーテン	60	58	55	53	52	51
戸締り・カーテン開き	60	56	54	52	48	46
窓全開・カーテン開き	60	42	33	31	30	29

| 効果 | 1 | 実験後、カーテンの効果的な使用方法に興味をもつようになり、家庭での実践及び実践の継続化が図られました。 |
| | 2 | 各家庭の状況が異なるので、自分の困り事をはっきりさせて、課題設定を行うことが大切です。自分事として学習に取り組む、意欲の向上につながります。 |

・・・・・ 学習指導要領との関連 ・・・・・

快適な住まい

　健康で快適な生活を送るために、夏の通風、冬の換気の必要性を体感できるように、簡単な実験を取り入れています。採光・音に関しては、照度計や非接触温度計、騒音計などを使用して計測をすると、実験結果が数値であらわれるので役に立ちます。条件の比較や、よりよい工夫を考えることがしやすくなります。

授業のヒント
12

生活を科学する ③

味の良さは火加減で決まる

料理店では、強い火で野菜を炒めることができるからおいしいといいます。鍋全体でその炎を受けとめ、火力を逃がさないような工夫がされています。学校の用具を確かめ、加熱調理が効率よくできるように考えていきましょう。

事例 ① 調理は五感で確かめて！ ご飯とみそ汁

ねらい
1 ご飯とみそ汁の作り方を理解し、実践する。
2 おいしく作るための課題を設定し、主体的に取り組む。
3 加熱調理器具の扱い方を理解し、安全に使用する。

支援
1 視覚・聴覚・嗅覚・味覚・触覚を使って、自分なりの「ちょうどよさ」を決定させる。このちょうどよさが「我が家の味」につながっていく。
2 材料が煮えるためには、沸騰が続くことが必要。

強火→鍋の底に炎が当たるぐらい
　　　（ふたをすると沸騰するまでの時間が早い）
中火→鍋の底に炎の先が当たるか当たらないかぐらい
　　　（ぐつぐつと沸騰が続いている状態）
弱火→鍋の底に炎の先がつかないくらい
　　　（煮えるまで時間がとてもかかる）

3 ご飯が炊き終わるころ湯気が消え、ぱちぱちという音、おこげの香りがしてきたら出来上がり。蒸らしに入る。
4 みそ汁は実の種類によって、煮える時間が異なるので、固い野菜は切り方を工夫するか、ふたをして煮る。
5 みそを溶くだしは、実を煮ている煮汁を使う。みそを入れ、再度沸騰したら火を止めて、だしやみその香りを楽しむ。
6 家庭では、様々な点火方法のガスこんろやIHクッキングヒーターを使用しているので、加熱器具の指導は丁寧に行う。ガスの炎を見るために近づきすぎないようにさせる。

五感を働かせるといろいろなことが見えてきます。

事例 ② いため野菜は、しゃきしゃき食感に仕上げよう

ねらい

1 いためて食べる食品の組み合わせを考え、切り方や味の付け方を工夫し、適切にできる。

2 おいしく食べるために、盛り付けを工夫したり試食時間を考えたりしながら、調理計画を立てる。

支援

1 野菜を組み合わせたり、加工食品を入れたりしながら色どりよく材料をそろえさせる。

2 洗った野菜はザルにあげて水気をよく切る。繊維を残して切ると歯ごたえがある。

3 形をそろえて切る。固いものは小さく、柔らかいものは大きめに切り、全ての材料を皿にのせておく。

4 調味料を計って準備する。（塩味・しょうゆ味・みそ味・中華味など）

5 フライパンで1 〜 2人分ずついためる。

テフロン加工のフライパンでのいため方

①油をフライパンに入れ中火で加熱する。

②野菜の中で固いものを入れる。

③すぐに火が通る葉物野菜を入れ、強火でいためる。焦げるようであれば中火にする。

④調味料を少し残すぐらいに入れ、味見をする。よかったらすぐに火を消す。味が薄い場合は全部入れる。（加工食品の塩分調整の為）

⑤すぐに盛り付ける。（中央を高くし、濃い色の野菜を上にする。器のふちをきれいにすると美しく見える）

＜野菜いための例＞

厚あげとピーマン　　ベーコンと青菜　　ベーコン巻き　　ピーマンとカシューナッツ　　ゴーヤとハム

学習指導要領との関連

材料に適したゆで方、いため方

　自然の物を素材として学ぶ家庭科では、季節や生育状況によって調理計画通りにできない場合があります。この題材は、材料や調理の目的に応じて適切に加熱操作ができるようにするというねらいですが、「適切」に込められている微調整はなかなか難しく、初めて調理をする子供たちはわかりません。つい出遅れて、時間を掛けすぎてしまうことがあるので、「調理は落ち着いて、てきぱきと」が大切です。

授業のヒント **13**

手縫いは美しい針目が命

初めての裁縫。用具の名前と使い方を理解させたり持ち物の記名を確認したり、やることがたくさん！しかも、初めての糸通しでは、うまくできずに固まる子供も出てきます。全員がうまくいく秘策をお教えします。

事例 ① 針に糸を通す・玉留めの練習

ねらい

1. 裁縫用具の扱い方を理解し、適切に使用する。
2. 基礎的な縫い方やボタンの付け方を理解し、目的に合わせて使えるようにする。
3. 学んだことを生かして、簡単な小物を作る。

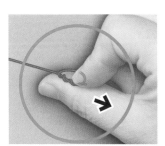

玉結び。「まいて、こすり合わせてひっぱります」

支 援

1. レース糸で玉結びを練習する。糸をよっても戻らないので、ゆっくり見てできる。縫い糸の時は、人差し指に巻いた糸を親指の上でより合わせる。
2. 手縫い糸は、綿30番がお薦め。糸の先を斜めに切り針穴に通す。できない場合は、糸通しや、針穴の大きいものを準備しておいて使わせる。
3. 縫うとは、「布を合わせて縫うこと」なので、練習布やフェルトを用いた場合でも最終的には重ねて縫う。名前の縫い取りは時間がかかる上、運針の仕方や細かい針目にする練習にはならなので、扱いに注意する。

練習はチェック柄が扱いやすい

4. ボタン付けは、同じ場所に糸を出し入れするのが難しい。裏から表に針を出すときは少しだけ針先を出して、指に当たらないか確認させる。足付きのボタンには、布との間に糸を巻かない理由を伝える。
5. まち針の打ち方は指導事項だが、しつけ縫いは製作上必要であればさせる。アイロンで押さえたり、指で折り目を付けたりして縫うこともできる。

効 果

1. 経験の有無や器用さが学習への妨げにならないよう、配慮が大切です。支援グッズを準備しておくだけで、充実感を味わわせることができます。
2. なみ縫いは3〜5mmの針目で縫うと美しく、丈夫に縫えます。練習の目安・評価見本としてルーブリック（P.48）を準備すると集中して取り組むことができます。
3. 家庭科は、自己決定の根拠を示すことを繰り返し体験させる教科です。「丈夫にしたいから糸を2本どりで縫った。返し縫いをした」「デザインを考えて布と糸の色を変えた」などのように作品への解説を付けさせましょう。

事例② 手縫いの作品作り

ねらい	1 手縫いの技術を生かして、生活を豊かにする作品を作る。
	2 製作に必要な材料や手順が分かり、製作計画に沿って作品を作る。
	3 作品を見合ったり、活用したりして生活を楽しむ。

作品例

1 幾何学模様のコースター
（なみ縫い・かがり縫い
・返し縫い）

2 手ぬぐいやさらしで作る「ふきんとコップカバー」
（なみ縫い・かがり縫い・返し縫い・まち針の打ち方・ボタン付け）

ふきん

正方形になるように切り、切った端を三つ折りにして縫う。まち針の打ち方を指導。クリップ型もある。布用スタンプで好きな模様を付ける。

コップカバー
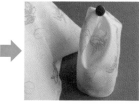

細長く切り、二つ折り。両わきを縫って端をかがり縫いする。裏返し、底の角を合わせて飾りボタンを付ける。糸は二本どり。口開きは半返し縫い。あとはなみ縫い。

3 全員で力を合わせて
「チームワークカレンダー」

1年間
使えるね

・・・・学習指導要領との関連

用具の安全な使い方

　裁縫道具は全員が同じものを使用しているわけではないので、必要な用具の準備とその名前、使用方法について確認することが大切です。適切な用具を正しく使うことが作業を効率的に進める上で大切なこと、作業に必要な用具を安全に使うことを理解させましょう。被服製作もまた、後片付けまでが授業です。最後の用具の確認を指導者自身の目で行いましょう。

作品作りホップ・ステップ・ジャンプ ②

お気に入りの袋を作ろう

ミシンを使った作品作りでは、子供たちの思いをいかにして形にするかが重要です。形や大きさだけでなく、機能性を考えて課題を設定している子供たち一人一人への支援の方法を考えていきましょう。

事例 ① マイオリジナルバッグを作ろう

ねらい

1 使用目的に合わせたバッグを作るための課題を設定する。
2 材料や必要な用具をそろえ、製作計画を立てる。
3 計画に沿って、縫い方を工夫し作品を仕上げる。
4 日々の中での活用について発表し合う。

身近な袋を見てみよう

支援

1 大きさ・形を決める際には、コピー用紙の包装紙や新聞紙をもんで柔らかくしたものを型紙として使用するとよい。持ち手や丸紐用に、紙テープやビニール紐を準備する。

2 作りたいバッグの形ごとにグループを作らせ、相談しながら作業をさせる。出し入れしやすい形や大きさか、ゆとりは十分か、機能性は考えられているか、縫い代や紐通しの確保はできているか等確認する。

3 試し作りでは、各自ホチキスを使って留める。実物を持参させ、入るかどうか、確認させる。ナップザック型の紐通しの三つ折りが細くなり、失敗する割合が高い。紐通しは、連結バンドや穴の開いた菜箸、割り箸に穴を開けて作る。ボタンは模様付きのアルミホイルでくるんだくるみボタンがかわいい。

ゆとりの必要性を感じさせます。

4 試し作りは自由に活動させるが、一人一人の製作計画は、縫い代等しっかり確認する。

5 布の縦方向と横方向の違いを理解させる。柄がある場合は、布を購入する前に確認する。

効果

1 一人一人異なる課題解決に向けての活動は、他と自己を比較するのではなく、自分ではどうしたいかという意識を強くもたせることができます。この自己決定能力の高まりが、家庭生活には大切になります。

2 身に付いた情報を交換することによって、深い学びや共感する心が芽生え、互いの作品の良さを発見し合う場面が多く見られています。

ねらい
1 ミシン縫いの技術を生かして、生活を豊かにする作品を作る。
2 製作に必要な材料や手順が分かり、製作計画に沿って作品を作る。
3 作品を見合ったり、活用したりして生活を楽しむ。

作品例

1 巾着袋

①裏を出して三つ 折りにする。
②2つ折りにし口あき 止まりを残し〇字 型に縫う。
③（片面づつ） ひも通しを 縫う。
④ひもを通す。

2 両手巾着

①表が出るように 二つ折りにする。
②さらに二つ折り にする。
③口あき止まりを残して 〇字型に縫い、折り 返してひも通しを縫う。
④表に返して、 ひもを通す。

3 中仕切り付き手提げ

①表が見えるように 手前が半分の高さ の三つ折りにする。
②中仕切りが見える ように二つ折りに する。
③〇字型に縫う。
④表に返して、 取手をつける。

4 弁当包み

①裏を出して中央 に折る。
②さらに $\frac{1}{2}$ まで折る。
③まわりとひも通し の部分を縫う。
④ひもを通す。

・・・・・ 学習指導要領との関連

製作に必要な材料や手順

　材料の布は、印が付けやすくほつれにくい、縫いやすいものを用いましょう。製作する物に合わせて準備させますが、あまり厚いものや硬いものは作業が難しくなります。ミシン縫いでは、直線縫い、角の縫い方（直角に曲がる）、縫い始めや縫い終わりの処理の仕方（返し縫い等）、上糸や下糸の準備の仕方ができるようにします。保護者への布購入の説明・準備期間は十分にとれるようにしましょう。

授業のヒント **15**

作品作りホップ・ステップ・ジャンプ ③

わらしべ長者で バージョンアップ

作品製作の途中でもっとこうしたいと子供がつぶやいても、布用品はすぐには準備できませんが、事前に準備しておくと、作品作りに深みが出ます。その際自分の材料と交換する形で行わせると不用品の活用の学習になります。

事例 ① 私の不要品があなたの必要品

ねらい
1 物を大切に再活用する意欲を育てる。
2 基礎的な縫い方やボタンの付け方を理解し、目的に合わせて使えるようにする。
3 学んだことを生かして、生活を豊かにする作品を作る。

自由に見て活用できるコーナーです。

作品例

紐を付けたらポシェットになりそう。

マスコットが置いてあったので、家にある自分のブローチを付けてみました。

白い布とチェックの布を交換してポケットを作りました。

持ち手をもっと丈夫にしたいな。ボタンを縫い付けてみたよ。

効 果
1 材料を見てひらめくことが多くあります。よりよい生活を求めていくということは、常にアンテナを張って、新しいことを取り入れようとする気持ちから始まります。バージョンアップした作品を完成させることによって、成就感を高めさせることができます。
2 材料集めは、保護者にも協力してもらうことが可能です。提供した材料を使用した作品が展示されたら、学校への協力体制もより強まります。

事例 ②　出来上った作品に値段を付けてみよう

ねらい
1　材料費やかかった時間から人件費等を考えて作品に値段を付け、自分が購入した商品を作った人のことを考えたり、大切に使おうとする気持ちをもとうとしたりする。
2　作品を見合うときの観点を広げ、消費者として物を選ぶ時の意識「労働に見合った商品の価値を知る」ことへ関心をもつ。

作品例

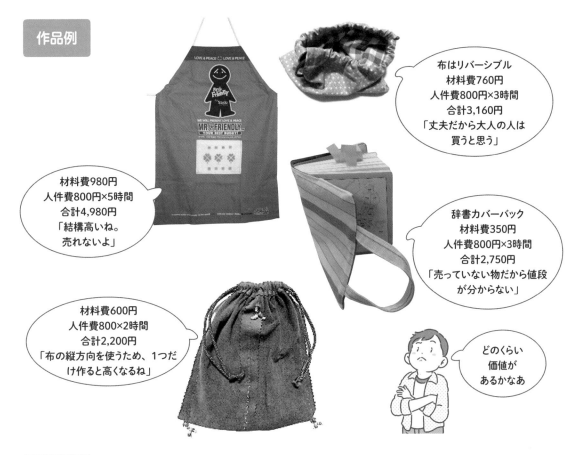

布はリバーシブル
材料費760円
人件費800円×3時間
合計3,160円
「丈夫だから大人の人は買うと思う」

材料費980円
人件費800円×5時間
合計4,980円
「結構高いね。売れないよ」

辞書カバーバック
材料費350円
人件費800円×3時間
合計2,750円
「売っていない物だから値段が分からない」

材料費600円
人件費800×2時間
合計2,200円
「布の縦方向を使うため、1つだけ作ると高くなるね」

どのくらい価値があるかなあ

効 果
自分が苦労して製作した後だからこそ、実感を伴った感想が生まれてきます。思いを込めた品物は売りたくないと言ったり、店ではなぜ安い値段で売ることができているのか疑問をもったりしていました。気付かせたいことをどのタイミングで聞いてみるか、これも教師の調整力です。

学習指導要領との関連

環境に配慮した物の使い方

　作品の材料セットを購入させるだけでなく、家にある材料で製作計画を立てさせている先生方も多いと思います。計画通りに作り終えた子供への支援として飾りの材料を準備しておくことは、充実感を高めさせるのに効果的です。その際、使い終わった物を「他の用途に再利用できないか」等の視点から、子供たちが考えられるように支援していけるとよいですね。

授業のヒント **16**

子供発信 SDGs ①

地球にやさしい 掃除の工夫

生活の中からは、答えのない課題が多く見つかります。米を洗う回数が少なければ、環境にはよいが味は悪い。お風呂の湯を洗濯に使えば汚れが落ちやすいが、衛生面で気にかかる。環境問題を中心に、情報発信の仕方を考えてみましょう。

事例 ① 家庭科と SDGs「持続可能な開発目標」の関連

解 説

1 SDGsとは2030年までに達成すべき17の目標のことで、2015年の国連サミットで国際社会共通の目標として採択された。

2 中学校技術・家庭科の目標「生活の営みに係る見方・考え方や技術の見方・考え方を働かせ、生活や技術に関する実践的・体験的な活動を通して、よりよい生活の実現や持続可能な社会の構築に向けて、生活を工夫し創造する資質・能力を育成する」と大きく取り上げられている。

3 小学校家庭科では、内容C「消費生活・環境」を中心に、内容B「衣食住の生活」全般で取り上げることができる。どのような題材を構成し指導するか、学校独自のカリキュラムを確認することが重要である。

SDGsの17の目標

事例 ② 地球にやさしい掃除を工夫しよう

ねらい
1 環境に優しく汚れに合った掃除の仕方を理解し、実践する。
2 家族や地域の方々に掃除のコツを聞くことによって、日本家屋のよさや昔から実践されてきた生活の工夫を知る。
3 実践を評価・改善し、よりよい方法を共有するための表現方法を工夫する。

活動例
1 課題ごとにグループを作り、調査した方法で清掃を行う。
①新聞紙をくしゃくしゃに丸めてから水につけ窓を拭く。乾いた新聞紙で拭き、仕上げる。
②割り箸に布を巻いたブラシで窓のレールの汚れを取る。
③コップや水筒の中に卵の殻を入れて振り、汚れを取る。
④食器を米のとぎ汁で洗う。
⑤ステンレスの流し台をクエン酸や酢、レモンで洗う。
⑥油汚れは歯磨き粉でこする。

2 結果を「おすすめ度」で表示する。

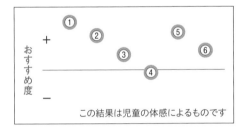
この結果は児童の体感によるものです

新聞紙で窓拭きが一番効果が高かったよ。

結果
1 「掃除が楽しくなった」という感想が多く聞かれるようになりました。
主体的に動く意欲は、やってみたいという思いを育てることから始まります。
2 子供の発想を認め、どう具現化していこうかと一緒に考えるのが教師の仕事です。自分の発想の域を超えたアイディアは、危険かどうか、まずは指導者自身で確かめてみましょう。

ほうきの名前

自在ほうき

竹ほうき

シダほうき

荒神ほうき

たたみほうき

学習指導要領との関連

住まいの清掃の仕方

　清掃の学習は、学校や家庭での体験を基に問題を見いだすことから始まります。汚れだけに目が行きがちですが、なぜ汚れるのか、何のために清掃をするのかをしっかりと理解させましょう。紹介した実践は、環境にやさしい清掃の仕方に注目をした活動になっています。内容C「消費生活・環境」と関連させた題材を構成した場合、評価も合わせて行います。

子供発信 SDGs ②

地域の活動へ 参加しよう

実践の場を家庭から地域へと広げる時に、PTA活動と連携するという方法があります。子供たちの様子も知っている上、応援体制もばっちりです。まずは身近な大人の方々と交流を図っていきましょう。

事例 ① PTAバザーでお店屋さんを開こう

ねらい

1 生活を豊かにする布製品のよさを理解し、製作して活用する。
2 手作りの物を使う楽しさを共有するために、作品に込めた思いや工夫について情報発信する。
3 地域の方々との交流を楽しむ。

活動

1 使う人を想像しながら、生活が豊かになる作品の製作計画を立てる。
2 家庭科で学習した学びを基に、ふきんや小物類の製作を、手縫いやミシン縫いで行う。
3 PTAバザーでの販売の時に、自分達の思いを書いたカードを商品タグとして付ける。また、購入した人に実際に使用した感想を記入してもらうためのカードも添える。
4 作品作りの評価・改善の一環として、感想カードを基に、さらによりよい作品にするための工夫を考える。
5 家庭での実践や6年生での作品作りに役立てる。

刺繍の布を使いました。丈夫なので重たいものも入ります。

大判ハンカチで作ったバッグです。口が大きく開くので、便利です。

今はやりの畳ヘリで作ったペンケースです。3本入ります。

効果

1 学校の学びが地域へと広がり、活用後の購入者からの感想が、次の作品作りへの意欲となりました。
2 学習のねらいをしっかりと確認しながら、製作をさせることが大事です。見た目の華やかさに興味が行き過ぎないように、基礎・基本の習得と評価ができる作品作りへのアドバイスを行いましょう。

ねらい

1 自分の家族が住んでいる地域には、どのような人達が住み、どのように協力し合っているかを知る。
2 よりよい地域にするために、自分たちができることを考え、実践・評価・改善する。
3 幼児や高齢者など、異なる世代の人々と同じ体験をすることで、よりよい関わり方を工夫し、思いを伝え合う活動を行う。

敬老会に自主的に参加しました。いも煮会のお礼だそうです。

活動例

1 地域清掃活動に家族で参加する。
「連れて行かれる」という受け身の参加から、「町内ではどんな活動をしているのか、どんな人が中心となって地域を作っているのか調べてみよう」という意欲が沸くように 、学年目標等で地域との連携を掲げ支援する。

2 子供会と町内会の共同事業を行う。
廃品回収時のお知らせや、ミニイベント等。（七夕飾り、スイカ割り、敬老会ステージ参加、芋煮会と子供バザー、餅つき）

3 夏祭りや児童館祭りの子供スタッフとして運営を行う。
夏祭り運営委員会に学校職員やPTA役員が参加しているので、子供が主体となって行える担当箇所を作ってもらう。出店ブース担当や全員参加ゲームの進行、司会や用具準備係等で活躍できる。

地域との連携では、家庭の事情で参加できない児童もいます。確認してみましょう。

4 地域の避難訓練に参加する。
参加者の名前が分かるように名札を作って渡す。ごみを回収するなど、避難所で子供達の仕事となっていたようなことを体験させる。実施後、小・中学生に活躍・改善カードを配布し、自分たちでできることを見いだし、具体策を提言できるようにさせる。

学習指導要領との関連

地域の人々との協力

　快適で安全に過ごすためには、多くの人の力が必要です。自分の生活がどれだけの人々と関わってきたかを考える時に、それまでの地域活動への参加の経験が、思考力や判断力へとつながっていくでしょう。自分のことだけではなく、人を思いやること、協力していくことがよりよい生活を築き、地域の人々と協力し合う気持ちを育てていきます。保護者と協力して地域活動への参加を広げていきましょう。

授業のヒント 18

子供発信 SDGs 3

年末年始の準備は任せて！

家庭での実践を視野に入れ、年間指導計画を作成しておくと学習をよりよく生かすことができます。掃除の題材は日常生活にも生かせますが、冬休みに実践を行うと、家族からの高評価を得ることができ、子供の満足感も高まります。

事例 ① 今年の汚れを家族で落とそう

ねらい
1 率先して大掃除の汚れを見いだし、清掃計画を立てる。
2 家族で協力することの大切さが分かる。
3 健康・安全に気を付けて、大掃除の実践を行う。

活動
1 家庭内の汚れ具合い・家族の日程・天気等を考え、大掃除実践計画を立てて、家族に提案する。
2 身支度を整え実践する。（洗剤を使う時は手荒れ等に注意する）大人の働く様子を見て、普段自分が行っていない仕事の内容・方法について学ぶ。
3 清掃後の変化について、家族で話し合う。

自分でできる仕事の内容	仕事	家の人がやるときの仕事の様子
・湯ぶねを洗剤で洗う ・床をみがく ・鏡を拭く	風呂洗い	・湯ぶねを洗剤で洗う ・排水溝の汚れ取り ・天井や窓、換気扇のカビ取り ・蛇口回り・鏡の水あか取り
・洗濯物を干す ・洗濯物をしまう ・洗濯物をたたむ	洗濯	・汚れや服の材質を確認する ・洗濯をする・洗濯物を干す ・洗濯物をたたむ・しまう ・アイロンをかける

効果
1 今までは手伝いという形で参加していた大掃除を、自分が中心となって行うことで、家庭での仕事の大変さ・楽しさを体験することができます。親からは、子供の成長を感じる出来事となり、大好評です。
2 天井のほこりを取ることや照明の傘を水拭きすることなどは、子供一人では危険なのでできません。助け合うことの必要性を体感できる貴重な時間となります。「大丈夫？」「ありがとう。助かったよ」と声を掛け合いながら作業をすることで、人との触れ合いの仕方を学びます。

事例 ② お正月の準備をしよう

ねらい

1 日本古来の行事を体験し、そこに込められた先人の思いに気付く。
2 家族の小さい頃の習慣を聞くことによって、日本各地での違いを知る。
3 我が家の味を引き継ぐ。

活動例

1 おせち料理を一緒に作る。
2 年越しや元朝参りなどの行事に参加する。
3 全国各地の正月の過ごし方をテレビや新聞等で学ぶ。
4 書初め・初売り・正月ならではの遊びに挑戦する。
5 七草がゆ・どんと祭・鏡割りなど、お正月を終える習わしを知る。

> 春の七草
> (言えますか?)

答え
> セリ・ナズナ・ゴギョウ・ハコベラ
> ホトケノザ・スズナ・スズシロ

効 果

1 中学生になると、課外の活動等で忙しくなるので、親とゆっくり過ごせるのは、小学生時代の方が多いです。この機会に家族とたくさん話をして、子供たちが自分で判断する時の基準となる、知識や道徳心が身に付くよう、家庭科の学びの場を提供していきましょう。
2 家族で地域の行事に参加することは、地域で生きる生活を考え実践する時の基礎となります。体験から気付くことを大切にしましょう。

＜日本各地のおぞう煮＞

仙台市

関東地方

香川県

鳥取県

・・・・・・ **学習指導要領との関連**

日本の伝統文化に関する内容の充実

　日本人の心とは、「わび・さび」・・・つまり、風流を楽しむ、感謝の心をもち、感謝の心を形にして伝える、輪をもって和を育てるなどです。年末年始は、日本の伝統文化の大切さに気付くことができる貴重な期間です。グローバルな時代を迎えたからこそ、生まれた土地の良さを実感し、世界の新しい流れを受けとめてほしいと願っています。日本文化は、成長する子供たちの太い根っこ。世界の光を浴びて、ぐんぐん成長する大木になあれ。

41

栄養教諭と
コラボレーション

食育が始まってからは栄養教諭や栄養士さんがゲストティーチャーとしてT・T（ティーム・ティーチング）で授業に入ってくれます。個別指導やグループ活動の充実が図れるので、専門家からの意見を聞いて主体的な学びを作っていきましょう。

事例 ① 給食を通して、家庭科でのひらめきを育てよう

支援

1 ご飯とみそ汁の授業が始まる前に、給食でいろいろな銘柄のご飯を出し、味や色、香り等の違いに気付かせる。（ササニシキ：あっさりした食感で握りずしには最高。ひとめぼれ：粘りがあり、甘味がある。つや姫、だて正夢など）

2 同じみそ汁の実でも、みその種類を変えて出す。赤みそ（仙台みそ）と白みそを比較する。給食だよりや昼の放送で、紹介する。

信州みそ　仙台みそ

3 郷土食や季節の行事食を献立に多く取り入れる。
（笹かまぼこの磯辺揚げ・ずんだ春巻き・ほや雑煮・うーめん汁・おくずがけ・月見白玉団子・なすと油麩の煮物・小豆かぼちゃ等）

4 野菜の地産地消をすすめる。

地域の特産は何ですか

曲がりねぎ

仙台白菜

5 6年生が考えた献立を給食だよりや学校ブログで紹介したり、給食のメニューとして出し、考案者からのおすすめポイントを説明したりする。

効果

1 味覚は12歳前後が一番発達すると言われています。いろいろな味を体験させることも、食育のねらいの一つです。味を楽しむことが、これからの「我が家の味」を作り上げていくのです。

2 献立作りでは、子供の活動が机上のアイディアで終わらないように、給食になるまでの具現化の仕方や広報について学ぶことができます。

事例 ② 先生方と実践研修をしよう

ねらい

1 家庭科室の器具や用具等の使い方を理解し、指導できるようにする。
2 専門的知識のある講師をお呼びし、教材研究を行う。
3 安全面に配慮した指導の工夫や教室整備を行う。

活動例

1 ミシンの扱い方について研修をし、袋作りをする。
　　　講師：地域のワイシャツ仕立て屋さん・ミシンメーカーの方等
2 長期休業中の昼食として、ご飯とみそ汁、郷土料理や教科書に載っている加工食品と野菜のおかずを作る。
　　　講師：栄養士・家庭科主任・地域ボランティア
3 1位を目指して「全職員・チーム対抗調理合戦」
　　　審査員：調理室の皆さん

先生も実践中

> **家庭によくある防災用保存食を利用したランチ作り**
> 学年関係なく全職員を5人程度のグループに分け、メニュー2品を考える。材料購入費を決め、グループの担当者が購入する。
> 全職員が試食できるように、グループ人数の倍の量を作る。
> 時間制限は1時間。エプロン・三角巾・マスク・滑らない上靴等、身支度を整えて参加する。

効　果

1 家庭科を指導する機会があまりなかった先生方の中には、苦手意識をもっている人もいます。また、安全面での配慮が必要な教科ということを再確認するためにも、効果的です。
2 講師として地域の方々をお呼びし、先生方と交流していただく良い機会になります。

困っていることはありますか

3 料理対決の現職研修は、実際のお話！　学年を超えたチーム活動は、学校全体の雰囲気を明るくしているそうです。今回は防災食の研修でしたが、今後もテーマを決めて実施する予定だとのことです。
4 最近では、OJT（On the Job Training）研修が盛んです。教員の力量を高めるための校内における研修並びに同僚間による学び合いや、教え合いの第一歩を家庭科で行うと、楽しくスタートできます。

········ **学習指導要領との関連**

実践的・体験的な活動

　日常生活に必要な基礎的・基本的な知識及び技能は、実習や観察、実験などの活動を通して習得するものです。家庭科では、生活の自立の基礎を培うため、従来から実践的・体験的な活動を重視してきました。直接的な体験を通して感じた疑問は、主体的に行動しようとする原動力となり、解決する力を高めさせていきます。ワクワクしながら活動している子供、そして現職研修の先生方の笑顔はキラキラ輝いて見えますね。

授業のヒント 20 我が家の人気おかず発表会

主菜や副菜を考える際に、料理のレシピ集や実物カードがあればいいですね。でも子供たちに調べさせるのは時間がかかるし、本の費用もかかりそう。そんな時は、自分で作るに限る。簡単にできる方法を紹介します。

事例 ① みんなが笑顔になる、おかずの秘密を紹介しよう

ねらい

1 カードを書いたり読み合ったりすることで、食事の役割には、健康を保ち、体の成長や活動のもとになることや、一緒に食事をすることで、人と楽しく関わったり、和やかな気持ちになったりすることを理解する。
2 調理に必要な材料の分量や手順が分かる。
3 食品の栄養的な特徴が分かり、献立作りに役立てることができる。

活動

1 家族に人気の日常的によく食べるおかずを調べる。豪華さを競うのではなく、栄養面や家族の好み、色どりなど、おいしく食べる秘密を探りながらカードに記入し、掲示する。季節的なことや完成度の差が出ないように、学校で出来上がった料理の絵を描く。

つみれ汁

材料（1人分）
さんまやいわしのすり身…100g
大根…30g　人参…15g　ごぼう…15g
豆腐…1/4丁　こんにゃく…1/8個
えのき…30g　ねぎ…1/4本
しょうが…1片　水…200mL
みそ…30g　酒・塩・片栗粉…少々

作り方
1 すり身に酒・塩・片栗粉・しょうがを入れ混ぜる。
2 野菜が煮えたらつみれを丸めて入れ、煮る。
3 みそとねぎを入れる。

おすすめポイント
体が温まる。

いかと大根の煮物

材料（1人分）
いか…1/2パイ　大根…100g　しょうが…少々
大根の葉…20g　しょうゆ…大さじ1
砂糖…大さじ1　だし汁…100mL
いかは輪切り、大根は厚めの半月切り

作り方
1 大根は下ゆでをしておく。
2 いかを調味料液で煮て取り出す。
3 大根を調味料液で煮て、いかと大根の葉と合わせる。

おすすめポイント
砂糖じょうゆの味が大好きです。

効果

1 食品の組み合わせと栄養や無駄のない材料の使い方など、各家庭での調理の工夫が分かります。
2 同じ材料でも、味付けや食品の組み合わせで違う料理レシピになります。

事例 ② 先生方にインタビュー

ねらい

1 先生方の好きなおかずの写真を見て、献立を考える時の参考にする。
2 先生方の子供の頃によく食べたおかずをインタビューし、日本の伝統的な献立を立てる。
3 調理実習時に試食をしていただいた先生方から講評を聞き、実習の振り返りに役立てる。

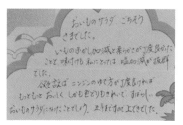
試食した先生からの感想

活動例

1 先生方から、家で作ったおかずの写真を撮ってきてもらい、献立作りの参考にしたり、家での実践に役立てたりする。
2 ご飯とみそ汁に合うおかずを考える時に、先生方が子供の頃によく食べたおかずを取材し、伝統食についての理解を深める。
3 みそを使った料理やみその効能等について、インタビューする。
4 調理実習時に、専科や少人数の先生、栄養士・養護教諭等、担任外の先生方に調理したものを試食してもらう。カードに作った時の工夫点を記入し、評価してもらう。

鮭と野菜のホイル焼き

牛肉のピリ辛炒め

三角揚げの煮物

効 果

1 家庭の生活から課題を見いだすだけでなく、年齢層の広い先生方にインタビューをすることで、様々な情報を収集することができます。特に和食に関しては、地域の高齢者から聞く機会があると、インタビューされた方も昔を思い出して楽しかったと好評でした。
2 意図的な資料作りには、先生方からの協力が大きな力になります。さらにデータでもらえるので、長期間使える資料ができます。

我が家自慢。ほかほかご飯に合うおかず

……学習指導要領との関連

1食分の献立作成の方法

　献立作成においては、主に栄養のバランスを中心に考えますが、色どりや味のバランスについても気付くようにさせます。核家族が中心となった現代、昔ながらの煮物や野菜のあえ物などは口にする機会がぐっと少なくなりました。和食への関心を高めさせる工夫として、先生方へのインタビューを取り入れましたが、興味をもった子供たちが食卓での話題にしてくれたら嬉しいと思っています。

授業のヒント

21 発表会も進化する

グループ活動や話し合い活動が多くなり、子供のつぶやきから見取る評価が重要視されています。多様な発表の様子を把握し、内容をしっかり見取る力を付けていきましょう。

事例 ① 学年発表会をしよう（家庭科専科時の実践）

ねらい

1 具体的な実験や体験活動を通して考えた「環境によい、季節の変化に合わせた住まい方」について、学習したことを発表し合う。
2 担任の先生や教職員へ、家庭科の学習の成果を伝え、講評してもらう。
3 家庭での実践計画を立てて行う。

活動

1 教室や特別教室を使ってグループごとにポスターセッション型で発表を行う。事前に、児童が書いた発表内容プリントを配付し、全グループの内容を確認する。（評価1）
2 発表グループは、発表や実演10分・質疑応答5分×3回の発表を行う。（評価2）
　聞くグループの児童は、資料を見て聞きたい3か所を回る。事前に考えた質問をしたり、意見交換をしたりする。
3 発表課題に対する感想や生活に取り入れたいことを記入する。（評価3）
4 家庭での実践計画を立てて、実践後の結果・感想を提出する。（評価4）

> **課題例**
> ・換気を考えた住まい方
> ・寒い冬、きれいな空気で過ごす住まい方
> ・家庭生活で気を付けたい水の汚れ
> ・音の影響を考える
> ・涼しい住まい方
> ・植物の働き
> 　（協力・理科専科）

児童感想

・カーテンを引くと日差しを防ぐことができる。扇風機はタイマーを付けると省エネでよい。家でもすだれを下げてみたい。
・掃除機やCDはみんなが起きている時間につければよい。アンケートでは、夜遅い時間の騒音は、電車の音や車の暴走音だった。
・実験を見て、植物が本当に酸素を出していることが分かった。（実験・ケースに植物を入れ、二酸化炭素を入れる。3日後に気体測定器で中の空気がどうなったかを測定する。）
・部屋に多くの人がいると、空気中の酸素が少ない。換気すると、空気中の酸素は、人がいない部屋と同じになった。換気は大切だった。

検知管式気体濃度測定器で空気中の成分の変化を調べる。

事例 ② ICT 活用で、思考も発表もスマートに

ねらい

1 プログラミング的思考を働かせ、作業カードを用いて調理計画を立てる。

2 タブレット端末を活用して作成した作業工程表を送信し他のグループとの違いを比べたり共有したりする。

3 2つの料理をおいしく食べるための調理計画や、グループ内での分担計画を立てる。

活動

1 おいしい料理についてのイメージを話し合う。
（温かい・味がちょうどよい・見た目がきれい・香りがよい）

2 グループで協力して調理ができるように手順を考える。

3 個人で考えたのち、グループで手順を話し合う。各自役割があるかを確かめながら、評価・改善する。

4 作成した作業工程表を、タブレットで写真を撮り、転送機能で各グループのタブレットに画像を送る。

2つの料理をおいしく食べるための調理手順

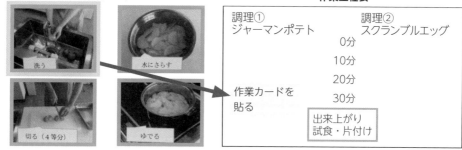

作業カード

作業工程表

調理① ジャーマンポテト	調理② スクランブルエッグ
	0分
	10分
	20分
作業カードを貼る	30分
	出来上がり 試食・片付け

5 送信されてきたデータを見て自分たちとの違いを話し合い、評価・改善する。

6 調理実習が予定通りうまくできたかを評価し、できなかったところや、もっとよくしたいところを次の課題につなげる。

児童感想

・調理実習では、作業シートを見ながら作ったので、とても段取りよくできた。2つともほかほかでおいしかった。

········ 学習指導要領との関連 ········

コンピュータや情報通信ネットワークの活用

　主体的・対話的で深い学びの実現には、コンピュータや情報通信ネットワークの活用が重要な役割を果たしています。児童の思考の過程を可視化したり、考えたことを瞬時に共有化したり、情報を収集し、編集したりすることを繰り返し行い、試行錯誤する場面において積極的に活用することが大切であると述べられています。GIGAスクール構想実現への第一歩ですね。

授業のヒント **22**

評価活動で子供のやる気アップ！ 1

ルーブリックを使った評価

実技では、具体的な判断基準がないので、主体的態度や成果品を観察しての評価は、とても難しいです。学校の実態に合わせた到達目標を決め、ルーブリックを提示し、子供との共有化を図りましょう。

事例 ① 手縫いの目標 A・B・C（サンサン会考案）

支 援

1 なみ縫い一目の長さは木綿布であれば3〜6mmを目標にする。

B評価は針目6mm程度まで、縫い目は少しの曲がりはよしとする。
A評価は針目5mm程度、縫い目が曲がっていない。
C評価は針目の大きさががそろわず、縫い目が曲がっている。

➡縫い方見本布3種類を配付し、順序を考えさせる活動も有効です。その時、児童に理由を考えさせると「よりよい縫い方」を具体的にとらえることができます。

2 返し縫い・半返し縫いはどのような部分に使えばよいでしょうか。
丈夫にするところというのは分かりますが、全部返し縫いをするのは大変。
➡ミシンの返し縫いと同じように、なみ縫いの縫い始めや縫い終わりに使います。

3 四つ穴ボタンは裏側がお椀型になっています。
ボタン穴に滑るように入りやすくするために先人が考えた知恵です。ワイシャツ屋さんは、肌に直接玉結びや玉留めが当たらないように、ボタンのすぐ下（布とボタンの間）で留めるそうです。
➡足付きボタンは最初から空間ができるので糸を巻きませんが、ぐらぐらしないようにしっかり付けましょう。糸は2本どりを推奨します。

4 かがり縫いは応急処置や、クッションなどの綿入れ口を閉じる時に使います。
なるべく細かい縫い目で縫います。1本どりがきれいです。
➡マスコット等を作るときは、周りをかがり縫いするとフェルトにでこぼこができてしまいます。細かい縫い目で縫うか、ブランケットステッチがおすすめです。
また、裾縫いをかがり縫いで行うと、表目が縦になってしまいます。似ていますが、まつり縫いを使用します。中学校での学習内容となります。

事例 ② 相互評価の時は、見るポイントを明確にしよう

友達と調理の様子を確認しよう　　　　　　　　　　年　組（　　　　　）

いため野菜を全部一人で作ってみます。ペアを組んでその様子を記録しましょう。先生に声をかけてくれたら、写真を撮りますよ！ファイト！！

作るもの	
めあて	
記録者の名前	

⇦ **作るもの**　どのようなことに気を付けるのか、記入します。
⇦ 例①火加減といためる時間
　　②野菜の切り方、量
　　③味付けと盛り付け

ここからは実習の日に記録者に書いてもらいます		理由をことばで書いてください
①むだのない材料の使い方はできていたか	△ できていた ◎	
②安全に気を付けていたか	△ できていた ◎	
③めあては達成できていたか	△ できていた ◎	

（　　　　　　　　）さんへ一言

（○をつけるときの目安）

① 材料の 使い方	◎残さず使い切っている。 　ごみは分別してそのつど捨てている。
	○捨てるところを少なくしようとしている。 　ごみは決められた場所へ捨てている。
	△まだ使えるところも捨てている。 　ごみは散らかしたままだった。
② 安全	◎包丁の使い方置き方が安心して見ていられる。 　常に作業場所の整理・整とんが上手。
	○包丁の使い方置き方に注意しながら調理をしている。 　作業場所に危ない物がない。
	△包丁の使い方置き方が乱暴で危なかった。 　作業する場所がいつも散らかっていて危ない。
③ めあて	◎立てためあてをしっかり達成することができた。
	○立てためあてを確認しながらがんばっていた。
	△めあてを達成することはできなかった。

思い出の記念写真

記録する人はサポート役でもあります。気が付かないでいるところは、どんどん教えてあげましょう。（手は出さず、やさしくことばをかけてね・・・）

・・・・ **学習指導要領との関連**

総則・学習評価の充実

　学習評価の実施については、「児童のよい点や進歩している状況などを積極的に評価し、学習したことの意義や価値を実感できるようにすること。学習の過程や成果を評価し、指導の改善や学習指導の意欲の向上を図り、資質・能力の育成に生かすようにする」とあります。私たち教師は、子供の小さな変化に気付き、具体的にほめることができるような力をもちたいものです。

49

授業のヒント

23

評価活動で子供のやる気アップ！ 2

「伊達学園・授業でござる」でお買い物

仙台市消費生活センターが作成したシミュレーション型消費者教育の教材開発に携わらせていただく機会がありました。家庭での学習にも対応していますので、学校休業期間の自主学習でも大活躍でした。

事例 ① お金が動くの巻 ―1か月間の収入と支出を見てみよう―

ねらい　家族の収入には限りがあり、物やお金が生活を支えていること、計画的に使う必要性や方法を理解する。

活動　1か月の生活費から、必要経費を除いた5万円分を家族のためにどのように使うか、考える。

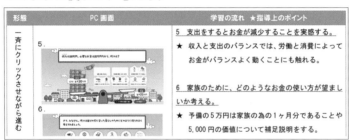

形態	PC 画面	学習の流れ ★指導上のポイント
一斉にクリックさせながら進む	5. 6.	5　支出をするとお金が減少することを実感する。 ★　収入と支出のバランスでは、労働と消費によってお金がバランスよく動くことにも触れる。 6　家族のために、どのようなお金の使い方が望ましいか考える。 ★　予備の5万円は家族の為の1ヶ月分であることや5,000円の価値について補足説明をする。

5万円は家族のためにどう使うといいかな

事例 ② 買い物名人の巻 ―消費者の役割を学んで買い物をしよう―

ねらい
1　消費者の役割について理解する。
2　物の選び方や買い物の仕方について課題を設定する。
3　家族の一員として、課題の解決に向けて主体的に取り組もうとする。

活動　買い物クイズを通して、買い物の手順を学び日常生活を振り返る。

1. こんなことはなかったかな？自分の生活を振り返ってみよう！

	項目	振り返ってみよう！自分の生活	あり	なし
1	必要性	同じような物を持っていることを忘れて買ってしまった。		
2	機能	みんなが持っているから買ったが、自分には合わなかった。		
3	品質	商品を使ってみたら、予想と違った。		
4	価格	値段が高すぎた。		
5	数量	使わないで捨てることになってしまった。		
6	活用性	買ったけれど、保管するのにじゃまだった。		
7	環境	過剰に包装されていて、多くのゴミが出た。		
8	保証	こわれたけれど、修理代が高すぎた（修理できなかった）。		

自分の生活を振り返ることが大切ですね。

50

事例 ③ 買い物修行の巻 —情報を集め必要な物を購入しよう—

ねらい
1 必要な物の情報を収集・活用し、自分なりに工夫して購入する。
2 家族の一員としてよりよい生活を工夫し、買い物を実践しようとする。

活動
買い物シミュレーションを行いながら、適切な買い物の方法を学ぶ。

事例 ④ 我が家の誓いを立てよう！ —実践への道を進んでいこう—

ねらい
学びを生かし、実践目標「買い物名人〇箇条」を立てて実践する。

活動
実践したことをまとめて報告し合う。評価・改善して、さらによい方法を探しながら実践する。

買い物名人５箇条

買い物名人５箇条	感想
①計画を立ててから買う ②買う前にあるかどうか確認する ③買った物は大切に使う ④ごみの分別をしっかりする ⑤レシートは大事にとっておく	値段が高いものや消費期限が近いものなどを確認しながら買うようになった。プラスチックの容器も洗って分別日に出している。

＊Web版の学習内容は新学習指導要領に沿ったものに変更していますが、指導案は改訂前のままになっています。確認してご使用ください。

•••••• 学習指導要領との関連

自立した消費者を育てる

　新学習指導要領で新設された「買い物の仕組みや消費者の役割」は、中学校における「売買契約の仕組み」や「消費者の基本的な権利と責任」、「消費者被害の背景とその対応」の基礎となるもので、実生活を想定した経験を重ねることが大切です。自立した消費者育成のためには、学んだ知識をもって情報の整理や自己決定ができる力をもたせることが重要だと考えています。

評価活動で子供のやる気アップ！ ③

授業の流れが分かる実践カード

家庭科では実践化を図ることが目標となっていることから、家庭からの協力を得ることがとても大切です。どんなめあてで、どんなことをさせたいのか、授業の様子を詳しく伝える工夫を考えていきましょう。

事例 ① 家庭で実践する内容が分かる学習カード

学校の調理実習後に記入します。

炎の料理人・修行大作戦

年　　　組

名前　{　　　　　　　　}

すばやく調理・三食野菜いため

☆調理の手順を考えよう

0 ・・・ 10 ・・・ 20 ・・・ 30 ・・・ 40 ・・・ 50 ・・・ 60 ・・・ 70 ・・・ 80 ・・・ 90分・

| 身支度・手洗い・準備 説明を聞く | 野菜 ①洗う ②切る フライパン準備 | ①計量 ②炒める ③味見 ④味つけ 食器準備 片づけ | 盛りつけ | 楽しく試食 | 後片づけ ①流し・ガス台 ②かごに乾かす ③食器洗い ④床拭き・ごみ捨て | 全員で確認 |

一番気を付けたこと
実習後に記入
強火でさっと炒める
野菜の切り方を工夫して同じ柔らかさにする

実習して分かったこと・教えたいこと
実習後に記入
味つけは最後に、全体に振りかける。
使った用具がその都度洗う。

家庭での実践を書きます。

家での実習の様子
作った物（絵・材料）
　ベーコンと春雨・野菜の炒め物
　（1人分）ベーコン3枚　キャベツ1/2枚
　　玉ねぎ1/2個　春雨40g　人参1/4本

感想
人物はゆでてから炒めると、色がきれいだった。
塩コショウで味付ける。

◎振り返ってみよう

	学校	家
身支度や手洗いがきちんとできましたか。	◎	◎
包丁やまな板、なべなどの用具の準備がうまくできましたか。	◎	◎
野菜の洗い方がわかりましたか。	◎	◎
野菜のいろいろな切り方はうまくできましたか。	○	○
味付けはうまくいきましたか。	△	○
ガスコンロの使い方・火加減の調整はうまくできましたか。	○	○
盛りつけはうまくいきましたか。	○	○
用具は使いおわったものから片づけることができましたか。	◎	○
洗剤の量に気をつけて洗うことができましたか。	◎	◎
安全に気を付けて作りましたか。	○	◎

家の人から
シャキシャキと食べやすく、とてもおいしかったです。自信をもってできることが増えてよかったですね。これからも作ってください。

効　果

1 学校で確認しためあてを、家庭での実践時も評価チェックするので、児童の変化がよく分かります。

2 基本の調理実習に沿って、応用編の活動ができます。

3 作ったものを写真や絵で表すことで、具体的実践の様子が分かります。

事例 ② 進んで実践しようとする意欲を育てるカード

温野菜サラダ＊ごちそうさまカード

◎ 実習したことを振り返ってみよう

身じたく・手洗いがきちんとできた	◎
計画した用具の準備を進んで行った	○
材料を分量通りに準備した	○
計量器を正しく使えた	○
野菜の汚れをしっかり洗えた	○
野菜を食べやすく切った	○
野菜をちょうどよくゆでることができた	△
盛り付けがきれいにできた	◎
用具を使った順から洗うことができた	◎
洗剤の量に気を付けて洗うことができた	◎

◎ 食べた感想

> いろいろな種類の野菜をゆでるのがむずかしかった。にんじんがかたかった。

◎ 実習して分かったこと

> じゃがいもをゆでて出す時、菜ばしなどでさして、すっと入ったらOK！

実習後に記入

《さあ、お家でも作ってみよう》

(　とくせい♥スペシャルサラダ　)

お家の人の感想

> おばあちゃんは「おいしい。」と言ってくれた。前と一緒でにんじんはかたかった。でも味はおいしかった。

(おばあちゃん) の (よろこぶ)
顔が見たいな。

家庭での実践後に記入

効 果

1 授業のねらいに合わせた振り返りを行った学習カードを持ち帰ることにより、どのようなことを確認すればよいのか明確にできます。

2 食べさせたい人を考えさせることによって、相手意識をもって調理する意欲が高まります。

・・・・・学習指導要領との関連・・・・・

調理の仕方

　調理実習時には「食べる人のことを考えて、材料の切り方、加熱の仕方、味の付け方、盛り付け方などを検討したり、でき上がり時間を考えて手順を検討したりできるようにする」とあります。また「学校での学習を家庭での実践として展開し、実生活で活用するために、一人で調理する場合の計画についても考えることができるよう配慮する」とあるので、保護者が見ても、作業内容が理解しやすい学習カードを作成することが必要となります。

53

広がれ！ 空間軸・時間軸 １

育てたものを大切に食べる

理科の光合成の実験で植えたじゃがいも。「実験が終わったら、食べたいね。」という何気ない会話から始まった理科とのクロスカリキュラム。おいしく食べたいと、毎日のお世話も頑張りました。もちろん、理科の実験にも意欲的に参加していたそうです。

事例 ① 学年畑で育てた野菜の安全チェック

1 東日本大震災後の放射能汚染状況により、学校では育てた作物を調理等で使用する場合、サンプルを保健所で検査してもらった上で保護者に事前に連絡を入れるようにしました。保護者からの許可が出ない子供には、個別に販売店から購入した食材を使用しました。保健所に行く時は事前予約をし、野菜を刻んで持っていきます。10年が経過した現在、校庭の放射能検査も年に1回行う程度となり安心が戻ってきました。地域性を考え、対応していくことが大切です。

2 ミニトマトをサラダに使用する場合、少し手間がかかりますが湯せんをして皮をむくと、とてもおいしく食べられます。トマト嫌いな子供も、プチっとはじく感じがなく、甘い味がしておいしいと言っていました。

3 ブロッコリーは中に虫がいたりすることがあるので、よく見て分配することが大切です。洗えば落ちるのですが、虫嫌いな子供が見つけてトラウマになってしまうことがあるからです。「そんなこと気にしない。」で終わらせることのないように細心の注意を払いましょう。

4 じゃがいもは植え付け時期により、収穫時期が異なってきます。7月中に収穫し、調理に使用したり、家庭へ持って帰らせたりしましょう。夏休み中に収穫することになると先   生方の負担も増えますし、乾かしたり、日光を当てないように保存したりしておくことが難しいからです。できたら種類の違うじゃがいもを植え、味比べなども楽しいですね。細長いメークインはしっとりしているので煮物に、丸い男爵いもは水分が少なくほくほくしているので、ポテトサラダやジャーマンポテト等に合います。調理をする際は、芽や緑色に変色した部分を取り除きます（ソラニンによる食中毒を防ぎます）。

じゃがいもは光を通しにくい箱や紙ぶくろに入れて暗い場所で保存しましょう

1 米の産地・宮城県では、地域の方に水田をお借りして米
作りを行っている小学校が多数あります。子供は田植え
と稲刈りに行くだけで、田起こしや草取り、水の管理等
は農家の方々にしていただいていることが多く、八十八
の手間はほとんどかかっていませんが、収穫祭をしたり、

昔の脱穀を体験したりするなど、貴重な経験をしています。新米は給食に出
してもらったり、地域の方々にプレゼントをしたり、食糧難で困っている国
の子供たちへ支援米として送ったりしています。地域の方から、米を育てる
工夫や味について聞くことができ、地域交流として大変役立っています。

2 野菜作りが盛んな地域では、さつまいもや枝豆（大豆）
を育てています。大きなさつまいも畑を借りていた学校
では、全校縦割りグループの焼きいも大会があり、児童
会で落ち葉拾い競争や替え歌大会等を開いて、盛り上
がっていました。生活科や総合的な学習の時間の活動

で、枝豆をつぶしてずんだ団子を作ったり、大豆で豆腐作りやみそ作りをし
たりしている学校もあります。地域料理の先生は、食生活改善推進員の方々
や老人会の皆さん。きめ細かく準備をしてくださるので、安心です。

ずんだ団子の作り方

①枝豆をゆでて、中の豆を取り出し薄皮を
むく。
②すり鉢に豆を入れ、すりこぎ棒でつぶす。
③すりつぶしたら、砂糖、塩少々を入れる。
餡の硬さによって水でとく。ずんだ餡の
完成。
④白玉団子や餅にからめる。
（冷凍枝豆を使用すると、香りは少なくな
るが年中作れます。）

学習指導要領との関連

地域の人々とのよりよい関わり

　地域の人々との関わりについては、身近な地域の活動や行事等を通して多様な年代の方々と交流
できるようにすることが目標です。日ごろからお世話になっている方々と交流することは、住んで
いる地域を故郷として認識し、しっかりと心に刻む体験ができるということです。昔の生活の工夫
を聞く会や感謝の会にお呼びして、交流を深めていきましょう。地域の活動に参加した時に、知り
合いが多いと楽しいですね。

授業のヒント **26**

家庭科室から地域へ

習得した知識は、日常の生活で活用することが必要です。技能は、繰り返し行うことで正確さや工夫が増してきます。特に、小学生の実践では他の人から認めてもらうことが持続させる鍵です。

事例 ① トライアングル調理で自信を付けよう

ねらい

1 日常生活に必要な基礎的・基本的な知識や技能を身に付ける。
2 トライアングル調理を通して、基礎的な技能の定着を図る。
3 生活を工夫し、評価・改善していこうとする意欲を育てる。

活動例

1 ご飯とみそ汁の学習の場合、1回60分（モジュール15分×4）で3回実習を行う。「ご飯」「みそ汁」「サポート（評価と補助）」
2 ご飯は毎回1合を炊く。みそ汁は、毎回実を同じにしてだしとみそを変える。3人で試食する。

サポートの評価と補助

評価	ご飯	みそ汁
◎	・米はリズミカルにすばやく洗う。 ・水加減、吸水、火加減に気を付けて炊く。 ・進んで衛生、安全に気を付け、行動する。	・食べやすい大きさに切りそろえる。 ・タイミングよく、だしや材料、みそを入れる。 ・みその香りを引き出している。 ・衛生、整とん、安全に気を付け、使い終わった物から洗う。
○	・水を取り替えて米を洗う。 ・水の量、吸水時間、火加減を確認しながら炊く。 ・衛生、安全に気を付ける。	・包丁を安全に使って、材料を切る。 ・だしをとって、みそ汁を作る。 ・みそを入れてから煮ない。 ・衛生、整とん、安全に気を付ける。
△	・米の汚れが取れるまで洗わない。 ・米を炊く一連の動作が分からず、行わない。 ・衛生、安全を考えない。	・材料の大きさがそろっていない。 ・作り方の順序が正しくない。 ・手順が悪く、みそを煮ている。 ・衛生、整とん、安全に気を付けていない。

☆やってほしいサポート・やってはいけないサポート

やってほしいこと	やってはいけないこと
・調理用具や食器をそろえる。 ・危険なことが起きそうな時に注意する。 ・後片付けの手伝い。	・実習の活動を代わりに行う。 ・活動内容を細かく指示する。 ・作業の動線をさえぎるようなところに立つ。

事例 ② 地域の子供食堂に，私たちの献立を提供しよう

ねらい
1 調和のよい食事を理解し、1食分の献立を考える。
2 食べる人のことを考えて献立を工夫し、グループごとに話し合い、よりよいメニューを作り上げる。
3 地域の人々の活動に関心をもち、自分たちが参画できる活動を切り拓く。

活動
1 学校に隣接する「地域交流子供食堂」に週替わりで出されるメニューに自分たちが考えた献立を使ってもらう。
2 幼児から高齢者までが集まる場所で食べることを考え、献立作りをする。
3 利用者が喜ぶ顔を思い浮かべながら、地域連携事業で取り組んでいる "おもてなしの心" を養い、自分たちの住む地域に目を向ける。

色どりや
食べやすさにも
気をつけて
いますね

効果
1 一人一人の学びが深まるように、グループで「学（まな）ボード（ホワイトボード）」を利用してKJ法で意見を集約し、思考を整理しました。思考の見える化は、これからも重要な指導の手段になっていきます。タブレット端末等ICT機器を使った授業も、研究が進んでいます。
2 異年齢の人々との関わりが重視される中、相手意識をもって献立を考える機会を得ることができました。会ったことのない人を思う時こそ、生活経験の中から考えを広げさせることが大切です。
3 子供食堂の代表の方と選んだメニューは4点。地域の方々から提供された食材を使っておいしく仕上がりました。成就感は最高です。

とりマヨ定食

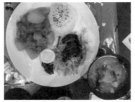
しょうが焼き定食

ジャーマンポテト定食

肉じゃが定食

学習指導要領との関連

食に関する指導

食に関する指導では、日常の食事を大切にする心、心身の成長や健康の保持増進の上で望ましい栄養や食事のとり方、食品の品質及び安全性に関する基礎的・基本的な知識、調理に関する基礎的・基本的な知識及び技能などを総合的に育むとともに、食文化についても扱います。指導者一人ではなく、教職員、児童、保護者、家族、地域の方々とともに食を見つめていきましょう。

授業のヒント
27

家庭科の学び、成長記録

「家庭科の授業は将来に役立つと思う」と考えている児童は多くいます。でも、どのように役立っているのか、具体的に話を聞いたことはないと思います。「自立した人」たちからの感想を実際に聞いてみました。

事例 ① 将来の生活で、家庭科の学習はどのように役立っているか

○学びが生かされていると思うこと　△うまくいっていないこと

内容	青年自立期（一人暮らし）	社会的自立期（子育て世代）
A 家庭生活	○親がやっていたことや思いに気付き、周りの人とコミュニケーションを取ろうとしている。 ○自分の時間を効率的に使える。 △生活習慣が乱れ、時間の使い方が悪くなった。	○家族で仕事の分担について、話し合い、実践することができている。 ○家族と過ごす時間を大切にし、時間の使い方を工夫している。 △家庭と仕事の両立ができず、子育てが苦しく感じる。
B 衣	○ TPO に応じた服装を整えようとしている。 ○個性を出すファッションを楽しんでいる。 △洗濯や日常の手入れが大変。	○子供の服を選ぶ時に、機能性や肌触り、値段等を考えてから買っている。 ○子供のための小物作りは楽しい。 ○友人同士で服の譲渡会を行っている。 △洗濯の量が多くて大変。
B 食	○なるべく自炊をしている。 ○外食が多いが、栄養のバランスを考えて選んでいる。 △朝ご飯を抜くことが多い。	○栄養を考えた食生活を心がけている。 ○子供に合わせた食事を作っている。 △食費がかかり、家計が苦しい。 △料理が苦手。作る時間もない。
B 住	○健康や便利さを考え、部屋の使い方を工夫している。 △近隣の人との生活ルールを守ることが大変。 △整理・整とんや掃除が大変。	○快適さを考え、住居を選んだ。 ○家族の健康を考えた家の掃除や、安全管理を行っている。 △汚い部屋をうまく片付けられない。 △住居環境が悪いが、引っ越しできない。
C 消費・環境	○周りに迷惑をかけない生活の仕方を工夫している。 ○詰め替え商品や環境にやさしい商品を積極的に購入している。 △家計のやりくりが大変。	○環境に配慮した生活を心がけている。 ○家計に合わせた消費生活をしている。 △家計のやりくりが大変。 △将来に向けての不安が大きく、子育てにかかる費用を考えると頭が痛い。

事例 ② 命を守る家庭科

食べること、それは生きることの基本です。
昔、人間が二足歩行を始めた頃、生きるために食べられるものを探しました。草花や木の実、生肉も食べました。時には毒に当たって死んでしまうこともあったでしょう。でも、生きるために人は、食べ物を探しました。

健康・快適・安全

人は命をつなぐために、人とつながりました。目・鼻・耳・口・皮膚という五感を使って、試し始めました。おいしく安全に食べるために、火を覚えました。温かい火は人の心を開きました。人は家族を愛しました。

よりよい生活地を求めて、人は住み着きました。漁や狩り、農耕生活など、人は自分が得意なことを見付けました。協力し合って働いたり、品物を交換するルールを考えたりしました。

協力・協働

長い時間を人は生きてきました。村を作り、町を作り、便利な生活を送れるようになりました。誰かが、こんな物があったらいいなあと考え、便利な物を作ってきました。

でも、人は気付きます。水が汚れて、生き物が死んでいく。生きるために食べてきた木の実や草花が死んでいる。人と人が自分は正しいと争っている。飢餓で苦しむ子供がいる。家族の愛情がなくて悲しむ子供がいる。

持続可能な社会の構築等

誰がこの世界を変えられるのでしょう。
それは、地球で生活をしている私たち。人は声をあげ、発信する。
みんなで地球を守りましょう。誰もが幸せになれる世界を作りましょう。

生活文化の継承・創造

これが私たちの生きてきた時間。先人の苦労や努力に感謝して、もっともっと幸せな時間を共有したい。
私たちは考える。よりよい生活とは、どんな世界にあるのだろう。これからもみんなとつながり、考えていきたい。よりよい生き方を求める家庭科の学びを通して、命を守り育てていきたい。

世界中の人と手を取り合って、一緒に考えていきましょう。

授業のヒント
28

日々の備えが子供を守る ①

東日本大震災からの学びを全国へ

2011年3月11日、東日本大震災。日々の幸せな暮らしは一転し、私たちは不安な日々を過ごしました。緊急時に慌てないためにはどんな準備をしておくべきか、家庭科担当の教員として考えていきたいと思います。

伝えたい思い　被災当時、生活の困り事

困り事

・3月末だというのに雪が降り、寒さに震えた。着の身着のままで避難したため、外とう等もなく、体調を崩した人が続出した。

・体育館での生活は床が冷たく、堅さで寝られない。常に見られている環境の中、プライバシーも守られずストレスは高まっていった。乳幼児を連れた人や障害のある人たちの中には、声がうるさいと言われ、肩身の狭い思いをした人もいた。

支　援

　高齢者や乳幼児は体調を壊しやすく、不安を訴える人、我慢しすぎる人などがいて、配慮しなければなりません。異年齢との交流を行う時の基本、相手の立場を考えて、率先して声を掛けていきましょう。特に、授乳や着替えの部屋は準備しておきましょう。

困り事

・水が出ない、簡易トイレしか使えない、体を清潔に保てない期間が続き、下痢や食中毒が発生した所もあった。特に津波被害があった地域では、流出した生活排水や被災廃棄物等で臭いや衛生上の問題が多く発生した。

・地域の中で被害の少なかった住居に避難した人々も、余震が続いたため屋外で過ごす人が多かった。たき火で暖を取り、簡易かまどを作り調理を行った。炊き出しのおにぎりで過ごす期間が多かった。

・野菜不足で温かい汁物が欲しくなった。3日目あたりから支援物資が全国各地から届いたが、パンやおにぎり等の炭水化物中心の食料と、水やお茶等の飲み物が中心であった。自宅で過ごした人々は、食料のストックが乏しく、何時間もスーパーに並んでも数点しか購入できない日が続いた。仙台市の避難計画では、在宅避難者へも食料の配布計画を立てていたが、あまりにも多くの人が避難所に殺到したため、十分な食料を配布できなかった。

支援　家庭科室や給食室で食事を作っていた学校もありました。ガスや水道の配管設備について、事務室あるいは職員室に図面があるので、確認をしておきましょう。避難所運営に当たった教職員の中には、遠慮して避難所の食料を食べないようにしていた職員もいます。教職員の食事や体調管理を、養護教諭や保健主事と一緒に確認しましょう。

困り事
・地域によってライフラインの復旧の差が大きかった。老人世帯では水が重くて運べない、病院が緊急対応に追われていたため持病薬がもらえない、電気がないので情報収集ができない等の悩みが大きくなった。
・学校が避難所となったため、児童の安全確認と避難所運営で学校職員は疲弊していった。文部科学省の調べでは、平成23年7月、宮城県の幼稚園から大学までの諸学校の在学者で、死者431名、行方不明者69名、負傷者43名、これらの学校の教職員で、死者20名、行方不明者8名、負傷者18名などとなっている。校舎が被災し使えなくなった学校もあり、平常の学習活動が行われるには、地域間で大きな差が見られた。
・家族の安否確認ができずに、不安な日々を過ごした子供たちが数多くいた。心のケア対策が各学校で実施されたが、極端な緊張がある時期よりも、少し落ち着いて来たころの「フラッシュバック」や「生きる意欲の低下」など、医療につなぐ必要のある後遺症に苦しむ子供もいた。
・助け合いや「絆」を掲げた救助活動が各地で繰り広げられていたが、中には治安が悪い地域も報道されていた。地域コミュニティの再生にも地域格差が見られた。

支援　住民自治がしっかりと行われていた地域では、生活上の仕事分担がうまくなされていました。中学生の支給物資や飲料水の搬入、プールからのトイレ用水運び、小学生のごみ集めや子供新聞の発行などが良い例です。人の役に立っているという自己有用感は人を元気にします。事前に子供避難所運営企画会議を開いてみませんか。

被災した先輩からのアドバイス
・災害では想像できない事が起こります。多くの物や人が傷つきます。いつでも想定外のことまで考えておくことが大切です。
・普段から災害を想定して何かを準備しておくのと、何も準備していないのでは生きるか死ぬかほど違ってくる。

日々の備えが子供を守る ②

災害時の自助・共助の力を育てよう

突然やってくる災害では、準備が肝心。なぜ家庭科を学ぶのかを考えるよい機会になります。各内容で指導ができる、ヒントをまとめてみました。

伝えたい思い　困難を乗り切る力を育む指導との関連

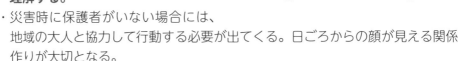

A 家族や地域の人々との関わり

①家族との触れ合いや団らんの大切さについて理解する。

・緊急時には、家族一人一人が独自に避難行動を取れるように話し合っておく。避難場所や避難経路の確認と共に、常に家族の動向を共有しておくことが大切。

②家庭生活は地域の人々との関わりで成り立っていることが分かり、地域の人々との協力が大切であることを理解する。

・災害時に保護者がいない場合には、地域の大人と協力して行動する必要が出てくる。日ごろからの顔が見える関係作りが大切となる。

・避難時だけでなく、危険を伴う片付け等が行われる期間には、乳幼児や児童の居場所作りも重要となる。高学年児童が下学年や乳幼児との関わりを意識し、できるだけ助け合う行動をすることが求められる。

③家族や地域の人々とのよりよい関わりについて考え、工夫する。

・緊急時に声を掛け合える人をどれだけ作っておくか、各家庭の日々の関わり方が影響してくる。地域行事への積極的な参加・参画を日ごろから体験しておく。

B 衣食住の生活

①調理の基礎を身に付ける。

・日常食であるご飯とみそ汁で、緊急時はほぼ栄養を摂ることができた。加熱器具や計量器具がなくても、身近にある物を利用して調理を行うことが必要となったので、日ごろの調理実習の時に、ガス調理器具とかまどの仕組みを説明したり、米の体積の1.2倍を目分量で確認させたり、非常時の場合を設定しながら説明しておくと、緊急時に落ち着いて行動することができる。

・生鮮食料は手に入りにくいので、乾物を使って栄養のバランスを取った。平時からどのような食材があり、どのように調理するのか体験していないと思い出すことはできない。みそ汁や野菜いための実習の時に、乾物の種類や栄養について調べさせたり、簡単に調理できる食材を取り入れた調理を行ったりするとよい。

（例）

みそ汁……みそ玉にとろろこんぶや鰹節、麩を加え、お湯で溶かす。

　　　　　貯蔵してある野菜と、こんぶや高野豆腐を煮る。

　　　　　葉物野菜と塩蔵や乾燥わかめ、煮干しなどを入れる。

おかず……貯蔵してある野菜と、ツナやコンビーフ等の缶詰食品をいためる。

　　　　　（じゃがいも・たまねぎ・コンビーフ）（大根・干しぶどう・ツナ缶）

　　　　　切り干し大根と水煮大豆や乾燥海藻をドレッシングであえる。

　　　　　干し椎茸と高野豆腐や油麩を煮る。

　　　　　マカロニとソーセージ、たまねぎなどをマヨネーズであえる。

・衛生面を考えラップ等を利用し、洗い物を少なくする。直接手で触らない工夫や消毒の大切さを理解させる。

②栄養を考えた食事が摂れるようにする。

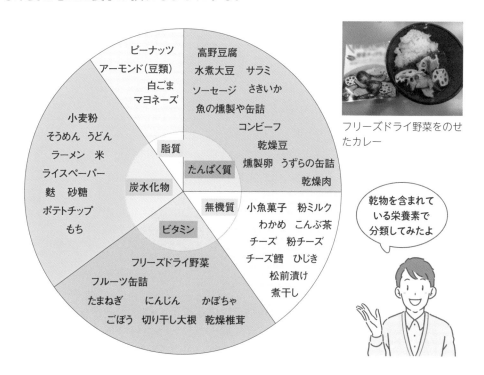

フリーズドライ野菜をのせたカレー

乾物を含まれている栄養素で分類してみたよ

・レトルト食品が多くなると繊維質が不足し、水が出ないために通常のようにトイレも使えず、苦労した人が多かった。また、味の変化も食欲（健康の維持）には必要不可欠であった。心の安定のために、嗜好品の大切さを再認識した。

（おにぎり）シャケフレーク・白ごま・塩こんぶ

（ちらし寿司）切り干し大根・ごま・塩こんぶ・梅干し・しょうがの酢漬け

③衣服の着用と手入れについて、基礎的な知識や技能を活用する。

・寒さを防ぐ物として、重ね着の学習時に新聞紙やビニールを利用する。
　アルミシートの利用も効果的である。
・服の汚れを防ぐために、タオルや手ぬぐいを利用し、襟元や背中等の汗をかき
　やすい所に挟む。洗濯物の実習時に洗濯物の汚れが水や少量の洗剤で落ちるか
　どうか、課題解決学習を行っておく。洗濯ロープの張り方を体験させる。

④生活に役立つ、布を用いた製作を行う。

・袋の製作の時に、非常持ち出し用品を入れる袋やナップザックの製作を行う。
・風呂敷や手ぬぐいを紹介し、緊急時の荷物をまとめたり、三角巾の代用として
　使えたりすることを伝える。
・布の材質調べの時に、化繊と木綿の丈夫さや重さの違い、利用度等について考
　えさせる。
・手縫いとミシン縫いの違いを理解させる時、用途に合わせた手作り防災ずきん
　を紹介し、どのような工夫がされているかを考えさせる。
　（ミシン縫い）丈夫にできる。種類によっては座布団や手提げバックにも使える。
　（手縫い）避難後は縫い目をほどきタオルとして使用できる。

⑤快適な住まい方・住まいの主な働きが分かり、中学校の学びにつなげる。

・命を守るための空間が家の始まりとなっ
　たことを理解させる。
・部屋の片付けの必要性を学ぶと共に、災
　害時の安全のために、物が散乱しないよ
　うな収納の仕方を工夫する。
・汚れに合わせた掃除用具の使い方では、
　水害や地震の後片付けに必要な準備物に
　ついて、ボランティアに行った人の話を
　紹介する。
・汚れにあった掃除用具を調べよう　災害
　の後にはどのようなごみが出たか。必要
　な道具調べをする。

⑥採光の必要性が分かる。

・ソーラーライトの利用で、危険な道や電気の通らな
　い階段、倉庫等も安全に通ったり入ったりできるこ
　とを知らせる。

⑦暖房器具の活用方法を知る。

・電気が使えなくなった場合を考え、反射式石油ストーブや丸形の石油ストーブ
　を準備しておくと、煮炊きができる。まわりの物が落ちてこないように使用す
　る場所、換気について考えさせる。

<table>
<tr><td>

C
消費生活
・環境

</td><td>

①消費生活では、現金での店頭での買い物を想定する。
・避難時に現金はどのぐらい必要か、いろいろな場面を想定し考えさせる。
・体調の変化に注意し、賞味期限や消費期限を確認する習慣を付けさせる。
・3日分の食料や生活用品をストックしておくことが望ましいとされているが、
具体的にはどのような物をどれだけ準備するか（本
当に必要かどうか）、買うとしたらどのぐらいの予
算が必要か、購入するための情報の収集・整理を行
わせる。
・家庭に常備している食料の賞味期限を調べ、期限が
近くなったら新しい物と交換する。
・お金の使い方シミュレーション　防災グッズをそろ
える予算を立てる。

</td></tr>
</table>

②環境に配慮した生活を考える。
・日常的に、ごみを減らす生活の仕方を考え、実践していくことが大切。水が出
ない、ガスや電気が使えない生活を想定し、安全でより快適な生活を送るため
の課題解決学習を行う。

<table>
<tr><td>

その他

</td><td>

・家庭科室の物品の収納の仕方では、食器等が飛
び出さない工夫をしておく。災害時に、ガラス
の破片が頭部を直撃する危険も出てくる。家庭
科室使用の説明時には、災害の種類に合わせた
避難の仕方を理解させる。注意事項は掲示物等
で常に目につくようにしておく。

</td></tr>
</table>

・家庭科室は調理台の下に入れないことも多い。学校の状態に合わせて、緊急時
の対応をしっかりと確認させる。出入り口も少なく、ドアの幅が狭いことから
誘導には細心の注意を払う。
・養護教諭と確認し、けが人が出た場合に応急処置ができるよう、家庭科準備室
に救急バッグの準備をしておく等の対応を考えておく。指導者が教室や家庭科
室から離れる場合は、作業を中断させ、近隣の教諭に応援を頼む。（全員が避
難をしなければならない時は、けが人に付き添い移動する。）
・地震の場合は、揺れが収まったら必ず家庭科室のガスの元栓を閉める。冬期間
は暖房も消して避難する。
・避難所運営の時に、家庭科室
が調理室として使用されるこ
ともある。できれば大きな鍋
や避難所運営を想定した備品
（ラップや紙コップ、箸）など
を準備しておくとよい。備蓄
倉庫にある場合は、すぐに取
り出せるようにしておく。

小中高等学校合同復興祈願吹き流し

かるたで覚えよう・伊達坂46

よりよい生活を
かるたでゲット

学習指導要領に載っている具体的指導項目を反映したかるたです。学びは繰り返し行うことが大切ですが、楽しくできて、知識が豊かになれば一石二鳥。たてわり活動でも使えますね。

かるたの使い方

ずんだもち、枝豆つぶした宮城の味

米どころ宮城では、あんこ・ごま・きなこ・くるみ・納豆もちなどが有名です

かるたのデータは下記のQRコードからダウンロードできます。両面に印刷すると、絵札の内容がすぐに確認できて便利です。

ロボットは、家事の手伝いできるかな

普通にかるたとしても使えます

アイロンの温度調節気をつけよう

長い時間、布の上にアイロンをあてたままにしておくと、こげついて危険

いため野菜、強火でパリッと仕上げよう

弱い火力でいためると時間がかかり、水っぽくなります

運動はのびちぢみする服が最適だ

衣服には体を守る保健衛生面の働きと、活動をしやすくする働きがあります

エコバック、いつもカバンに入れておこう

消費者の役割として、買う前に考える、買ったら最後まで使い切ることが大切です

お祭りで、地域の人と楽しもう

快適で安全な生活を送るためには、地域の人と関わることが大切です幼児や高齢者とも仲良くしよう

重ね着は空気の層を作ります

活動や季節にあった着方を工夫することが大切です

きりが無い、むだづかいはやめましょう

家族が働いて得たお金は、収支のバランスを考えて、使う計画を立てることが大切です

クエン酸やレモンの汁で流し台はピッカピカ

よりよい生活を目指すために、持続可能な社会を作っていきましょう

計量スプーン小さじ一杯5ミリリットル

おいしく調理をするために、材料や調味料を正しく計量しましょう

ゴミ減らす リデュース リユース リサイクル

リデュース（むだを減らす）
リユース（再利用する）
リサイクル（資源として使う）

再利用 持続可能な社会を作る

環境にできるだけ無理をかけないよう物を大切にしたり、無駄なく使ったりしよう

シミのもと、よごれはすぐに洗いましょう

電気洗濯機を使う時も、事前に手洗いする方がよい物もあるよ

す

せ

そ

た

ち

つ

て

と

な

に

ぬ

ね

の

は

ひ

ふ

食べ物の消費期限はよく見よう
目的に合った、品質のよい物を選ぶために、表示やマークをよく見よう

そう音は、車の音やさわぐ声
音には、快適な音や騒音となる不快な音があります

洗たくで、よごれを落として清けつに
洗たく物の状態やよごれの点検、洗う、すすぐ、しぼる、干すの手順を覚えよう

すいはんのおいしい仕上げはむらし時間
米の洗い方、水加減、浸水（しんすい）時間、加熱の仕方、むらしなど、米からごはんの変化を理解し、たけるようになろう

とり肉は、唐揚げ丸焼き、主菜の王者！
食事は健康を保ち、体の成長や活動のもとになります

手洗いは、手のひら、手首、指の先
実習の時は、活動がしやすく、安全にできるエプロンや三角巾をつけよう

机の上、明るい電気で勉強だ！
快適に過ごすためには、生活にあった明るさが必要です。光のかげにも注意しよう

調理実習、後片づけまでしっかりと
水や洗剤は必要以上に使わないゴミは少なく、排水溝に流さない

寝過ごすな夜ふかしは体に悪い
時間を有効に使うためには、時間を区切ったり、計画的に使ったりしよう

ぬい針に糸を通して玉結び
なみぬいや返しぬい、かがりぬいをしたら、しっかり玉どめをしよう

煮干しだし、日本の伝統みそしるだ
煮干しやこんぶ、かつお節などのだしが入ると、おいしくなるよ

夏休みも規則正しい生活を続けよう
自分のために使う時間と、過ごす時間を考えて過ごそう。家族と共に

吹く風を上手に通して快適だ！
自然を生かした住まい方では、効果的な通風を考えよう

日差しを防ぐ緑のカーテン作ろうよ
夏には太陽の熱をさえぎり、冬は太陽の暖かさを取りこもう

売買契約（ばいばいけいやく）買います。はい。で成立だ
商品を受け取ったら、買った人の一方的な理由で返品はできないよ

脳の働きを、良くしてくれる朝ごはん
朝食を食べることによって、学習や活動のための体の準備ができます

ミシンぬい、始めと終わりは返しぬい

上糸や下糸の準備、角の縫い方を考えて縫えるようになろう

まな板を洗った後は日光消毒

まな板を使う時には、水でぬらしてふきんでふいてから使おう

ほうれん草、お湯がわいたらゆでましょう

葉物野菜はお湯から、根菜類は水からゆでることが多いよ

部屋の中 整理・整とん工夫しよう

何がどこにあるか、必要な物がすぐに取り出せるか、空間を有効に使いましょう

休みの日、家族といっしょに団らんだ

家族や親しい人と、食事や仕事などを共にしたり、会話をしたりしてコミュニケーションを図りましょう

もみ洗い、ためすすぎは2回か3回

洗剤の量を考え、水をむだにしない工夫をしていこう

目玉焼き、食塩・しょうゆ、何でも合うね

ケチャップやソース、マヨネーズ、みそやドレッシングなどを上手に使って味わいを楽しもう

無機質は、体の調子を整える

命を支え、活動や成長に必要な成分を栄養素といいます

リュックサック、防災グッズを入れておこう

材料の布は、しるしが付けやすく、たやすい、ほつれにくい、丈夫さを考えて選びましょう

楽じゃない冬の窓ふき 大そうじ

汚れに応じたそうじの仕方があるよ 汚れ具合に合わせて、がんばろう

弱火の時は、炎の立ち消え 気をつけよう

換気をしているか、使用後に器具栓(きぐせん)をしめたか、確認しよう やけど防止、安全に使えるようになろう

ゆとりある、出し入れしやすいマイバック

使う目的に合わせて、どのような機能(きのう)があればよいかを考え、形や大きさを決めよう

情報を集めて買おう かしこい消費者

自分が持っている物だけを買うようにしよう 本当に必要な物だけを買うようにしよう

和食では、ご飯が左でしるは右

どんな食器にするか、分量や色どり、食べやすさを考えて盛り付けよう

レシートは、買い物記録に必要だ

予算や購入の時期、場所を確認して必要な分だけ購入しよう

るすばんは、テレビを見てもさみしいな

家族のふれ合う時間が十分にない場合は、気持ちを伝えるメッセージボードを作ったり手紙を書いたりしてみよう

授業のヒント
31

食品を組み合わせて食べよう

食品に含まれている主な栄養素を確認してみましょう。中学校の内容ですが、指導をする時に分かっていると支援しやすくなります。

事例 ① 円グラフ（100グラム中の食品成分）g 表示

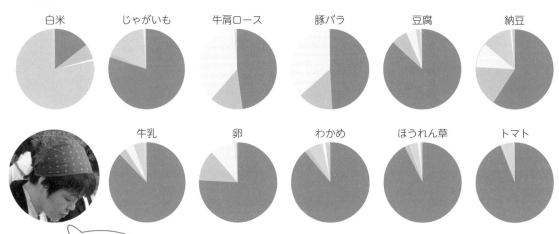

白米　じゃがいも　牛肩ロース　豚バラ　豆腐　納豆

牛乳　卵　わかめ　ほうれん草　トマト

> いろいろな食品を摂る意味を知らせたいな。

食品成分表（100グラム中）
栄養BOX　日本食品標準成分表2015年版（七訂）

	水分	たんぱく質	脂質	炭水化物	無機質	ビタミン
白米	14.9	6.1	0.9	77.6	0.22	0.18
じゃがいも	79.8	1.6	0.1	17.6	0.5	0.4
牛肩ロース	47.9	13.8	37.4	0.2	0.4	0.3
豚バラ	49.4	14.4	35.4	0.1	0.44	0.26
豆腐	86.8	6.6	4.2	1.6	0.47	0.33
納豆	59.5	16.5	10	12.1	1.05	0.85
牛乳	87.4	3.3	3.8	4.8	0.4	0.3
卵	76.1	12.3	10.3	0.3	0.52	0.48
わかめ	89.0	1.9	0.2	5.6	1.6	1.7
ほうれん草	92.4	2.2	0.4	3.1	0.87	0.83
トマト	94.0	0.7	0.1	4.7	0.26	0.24

事例 ② チャレンジお弁当づくり

　日本食が世界で注目されるようになり、お弁当の文化も広がってきました。いろいろな国の辞書にも「Bento」と掲載され、「クールでヘルシー」と評判です。素材一つ一つの味がしっかりと伝わってくる調理の仕方に、日本人のきめ細やかな心配りが感じられます。
　全校でお弁当づくりにチャレンジした実践の様子を紹介します。

ねらい
1　作ってくれた人に感謝の気持ちをもつ。
2　栄養のバランスを考えたおかずを考えられるようになる。
3　家族の一員として、できることを考えて実行する。

方　法
初級：食べたいおかずを考え、家の人に伝える
中級：弁当箱に詰めてみる
上級：おかずを作ってみる
（各学校の実態に合わせ、内容を変えていくとよいと思います。）

ブログでの紹介
　1・2年生のお弁当屋さん見習いの様子です。おかずを並べたり、イチゴのへたをとったりしたそうです。きっと家族の人と楽しくお話をしながら準備をしたことでしょう。後片付けまで頑張れたかな。

　3・4年生の教室では、おかずを作ったりお弁当箱に自分で詰めたりした人にインタビューをしました。卵焼きを作ったとか、ブロッコリーを2個も入れたとかさまざまなお弁当修行をしてきたようです。お弁当は目で見て・香りで楽しんで・味で満足する。3回も楽しめる優れものですね。そしてたっぷりの愛情をこめてくださったご家庭の皆様、ご協力に感謝します。「今日帰ったら、感想をお話したりお弁当箱を洗ったりしましょう」と声掛けをしました。

　5・6年生は自信作弁当です。おかずを作ったり詰めたりした人に感想を聞いてみました。「前の日の買い物から行って楽しみだった」とか「好きなものがいっぱいでおいしい。」「時間がかかって大変だった。」などいろいろな反応が返ってきました。最後のお弁当の日なので、食べ終わったお弁当箱に、お家の方へのメッセージを入れて持ち帰りました。読んでみてください。そして皆様のお弁当にまつわる思い出話などお聞かせいただけると嬉しいです。

関連資料 ②

作品を発表し合い、工夫点を見つけよう

自分の作品を、友だちだけでなく、一般の方々に見ていただけることは、子供にとって大きな喜びです。説明カードには、どのような使い方をするのか、工夫した点はどこか等、作品にこめた思いを書かせましょう。誤字脱字にはご用心！

事例 ① 小中高合同の作品展

作品展は毎年2月に展示ホールをお借りし、1週間、一般公開を行っています。児童生徒の作品は、授業で作成したものを中心に、学校規模によって出品点数を決め、展示します。

毎年860点もの作品が展示され, 来客数は5,000人にも達します。

仙台市小学校家庭科、仙台市中学校技術・家庭科、仙台市高等学校家庭科合同作品展
「～使ってトライ！やってミライ！生活を豊かにする創造作品展」

小・中学校の授業の内容を表示し、つながりを説明しています。

小学生作品

中学生作品

高校生作品

○子供の作品を出展させていただき、工夫された作品が多く感動いたしました。子供も自身の作品を見に来たことで来年も頑張って作りたいと話しており、このようなイベントは大変素晴らしいことだと思います。

○上手な作品がたくさんあったのですごいと思いました。

○かわいい作品やすごいものもいろいろあってよかった。

○こんなにも素晴らしい作品ができるんだなぁと感心しました。

○ジーンズで作ったバックがかわいかった。

○絵本など、手にとって見たいものがたくさんありました。「さわって読まないでてください。」とか「ふれないでください。」等、少し残念でした。

○木工技術についてそれぞれ工夫され立派な作品揃いでした。今後とも子供たちの創意工夫の向上を祈願いたします。

○中学生としてはたいへんな出来ばえです。隙間とか、取合いの段差などは正確な曲尺の使い方、のこぎりの引き方など基本的なことを覚えれば立派な作品になると思うので、来年度を期待します

○時代の流れで現在は完成品にて安く買えますが、将来社会で職業についた場合アイデアマンとして活動できると思います。今後とも頑張ってください。

○中学生になると多方面において技術を磨いていることに改めて驚きました。また、アイデアが豊富で見ていても楽しかった。

　全国的にも、小学校・中学校・高等学校が合同で作品展を開催し、30年も続いている例は少ないそうです。主催が仙台市教育委員会、小・中学校・高等学校の各技術・家庭科研究会なので、企画・運営も先生方が中心になって行っています。子供たちの学び合いや発表の機会として活用され、新聞やテレビにも取り上げられています。

新聞にとり上げられました

エコロ新聞

授業のヒント 33

授業の自己チェック

授業の基本は、児童の気持ちをいかに開放させられるかの一言に尽きます。子供のやる気を育てるには、まず先生方が新しいことを発見して楽しめる力を付けること。教え育てる人ではなく、共に育つ「共育者」となりましょう。

Check ① 授業が始まる前の教師としての心構えチェック

1 時間に遅れないで授業を始めることができましたか。　　　　　　（ はい or いいえ ）

2 笑顔で、どんな意見も包み込める雰囲気を出せましたか。　　　　（ はい or いいえ ）

3 季節や活動に合わせた服装ができましたか。　　　　　　　　　　（ はい or いいえ ）

4 適切な言葉遣いができましたか。　　　　　　　　　　　　　　　（ はい or いいえ ）

5 板書の字の大きさや書き順などに気を付けることができましたか。（ はい or いいえ ）

Check ② いよいよ授業〜準備の様子を思い出そう

1 授業の流れをイメージすることができていましたか。　　　　　　（ はい or いいえ ）

2 板書計画は立てていましたか。　　　　　　　　　　　　　　　　（ はい or いいえ ）

3 掲示物や学習プリントの準備は終わっていましたか。　　　　　　（ はい or いいえ ）

4 主発問に対する児童の反応（どんな答えが来るか）を予想して、
いろいろ想像することができましたか。　　　　　　　　　　　　（ はい or いいえ ）

5 余裕を持った対応ができるように、体調管理をすることができましたか。

　　　　　　　　　　　　　　　　　　　　　　　　　　　　　　（ はい or いいえ ）

読んだら
（ はい or いいえ ）
と答えてみよう

Check ③ 授業づくりの工夫を振り返ろう

1 導入は児童の心をつかむ「意外な一言」や「何それ！」と言われるインパクトのあるものを準備できましたか。 （ はい or いいえ ）

2 教師の説明は少なく、児童の考えを引き出しながら、その意見を使って授業の流れを作り出せましたか。（これはかなり高度です） （ はい or いいえ ）

3 発問したら、2～3人の児童の考えを聞くように心がけていましたか。（ はい or いいえ ）

4 考える時間、話し合う時間、書く時間などいろいろな活動を組み合わせていましたか。 （ はい or いいえ ）

5 机間巡視をしながら、児童の思いを見取る時間を意識して取っていましたか。 （ はい or いいえ ）

Check ④ 授業の「まとめ」を振り返ろう

1 板書を見て、めあてとまとめがつながっていましたか。 （ はい or いいえ ）

2 児童が今日のねらいをどれだけ習得できたか、評価をするための観察や感想等からの読み取りはできましたか。 （ はい or いいえ ）

3 提出物等、全員が終了できたか確認できましたか。 （ はい or いいえ ）

4 後片付けまで時間内にしっかりできましたか。 （ はい or いいえ ）

5 児童から、家庭での実践に対する意欲や次時の学習内容を期待する声が伝わってきましたか。 （ はい or いいえ ）

みやぎ版家庭科問題解決的な学習過程

自立・よりよい生活へ

新たな み
新たな み
新たな み
み 見いだし、つかむ
や やってみる
ぎ 知識・ぎ能を活用し、深める
つ つなげる
こ こころみる

参考文献

『小学校学習指導要領（平成29年告示）解説　家庭編』　　　　　　　文部科学省
『わたしたちの家庭科5・6』　　　　　　　　　　　　　　　　　　開隆堂出版
『スペシャリスト直伝！小学校家庭科授業成功の極意』　勝田映子（著）・明治図書出版
仙台市小学校教育研究会家庭研究部会　　　　　　　　研究紀要「だんらん」
宮城県連合小学校教育研究会家庭科研究部会　　　研究紀要「家庭科教育のあゆみ」

仙台市消費者センター　消費者教育ウエブ教材　　　　　伊達学園「授業でござる」
dategakuen.com

栄養BOX　日本食品標準成分表2015年版（七訂）

これは不思議！レタスの花

仙台市家庭科自主研究会
「サンサン会」について

発足　2014年3月・会員14名

目的　(1) 教科教育の調査・研究、情報交換
　　　　(2) 研究大会、研修会、講演会等の開催及び研究視察
　　　　(3) 教材教具の開発、研究成果の刊行
　　　　(4) 学校や技術・家庭科関係諸団体との連携及び協力
　　　　(5) 施設設備及び現職教育の充実を図るための活動
　　　　(6) 学習支援のあり方についての研究と実践

活動　・現職教育講師として「小学校家庭科の時間に活用できる教材研究及び開発」の
　　　　　紹介
　　　　・日本家庭科教育学会東北地区会にて紙上及び口頭発表
　　　　・仙台市消費者センター作成協力「授業でござる」
　　　　・令和3年度第58回全国小学校家庭科教育研究会全国大会記念・会員活動紹介書
　　　　　発刊「仙台発！うれし・楽しや教材研究〜家庭科〜」

おわりに

　家庭科は、家庭生活を中心とした人間の営みを学習対象として学ぶことを通して、よりよく生きるための実践力を育むことを目標としている教科です。具体的には、人間の生命と健康を守る家庭と社会の仕組みの理解、家族を中心とした人間関係の構築、人間の発達と子供や高齢者の福祉や人権への配慮、衣食住の生活に関する文化と科学の知識と技能の獲得、消費生活と環境問題の解決と実践などの内容について学習します。それらは、適時性を考慮し、実践的・体験的な活動を通して系統的に習得するようになっており、児童が自己の生活に統合して遂行する実践力を身に付けることに繋がります。

　しかし、家庭生活における家族との関わり、着る、食べる、住まうなど様々な事象は、児童にとって日々の当たり前のこととして見過ごされがちであり、生活体験も多いとは言えません。指導者は、児童が関わっている家庭生活の事象にスポットを当て、「知っているつもりのこと」に対して「なぜ？」という問いかけをしながら、家庭科の授業を進めていきます。家庭を取り巻く環境が変化し、生活の価値も多様になっている中で、児童が家庭科の見方・考え方を働かせ、これまで以上に実感を持って生活に関わることができる活動を大切に扱いたいと思います。

　本書には、仙台市小学校教育研究会家庭研究部会の会員有志でつくる「家庭科自主研究会サンサン会」14名の教員の貴重な家庭科授業実践の数々が掲載されています。授業前後の検討会や研修会等を経た多くのアイディアがそこかしこに見られ、児童とつくる授業の楽しさが伝わってきます。14名の皆様のご努力、実践例に解説や資料を加えてまとめてくださいました元家庭研究部会会長の伊東智恵子校長先生のご尽力に敬意を表したいと思います。

　家庭科の授業を初めて担当する方、経験を積んだ方など、本書を授業づくりに活用され、「自分だったらこんな授業を！」に繋げていただければ幸いです。

　最後になりましたが、本書の発行にあたりお世話になりました開隆堂出版（株）ならびに関係の皆様方に心から感謝申し上げます。

宮城教育大学　小野寺泰子

執筆 伊東智恵子 元仙台市立台原小学校校長
監修 小野寺泰子 宮城教育大学教授

表紙・本文イラスト　仲　昭彦
デザイン・DTP　　パシフィック・ウイステリア
表紙デザイン　　　葛貫　春菜
＊＊＊＊＊＊＊＊＊＊＊＊＊＊＊＊＊＊＊＊＊＊＊＊＊＊
SDGsイラスト　山川　恵理佳
かるたイラスト　福田　真希

小学校家庭科　**授業のヒント33**

2021年10月22日　初版発行

編著者　● 伊東智恵子
発行者　● 大熊 隆晴
発行所　● 開隆堂出版株式会社
　　　　　〒113-8608　東京都文京区向丘1-13-1
　　　　　TEL 03-5684-6116（編集）　http://www.kairyudo.co.jp/
印刷所　● 壮光舎印刷株式会社
発売元　● 開隆館出版販売株式会社
　　　　　〒113-8608　東京都文京区向丘1-13-1
　　　　　TEL 03-5684-6118　振替 00100-5-55345

ISBN 978-4-304-02187-9